# CSRM
## アドバンスドガイド

全国救護活動研究会 著

東京法令出版

# は じ め に

　CSRMベーシックコースをスタートして10年。CSRMベーシックガイドを発刊して5年。私たちは、この10年間「震災時の活動とは」という言葉とともに歩み続けてきました。振り返れば、20年にも30年にも感じる10年です。

　私たち研究会は、震災時の救助活動について様々な研究を続けるのと同時に、救護活動関係者のストレス対策に関する研究についても力を入れてきました。なぜなら、震災時の活動を研究するほど、また救護活動関係者の職務を見つめるほど、消防士をはじめ救護活動関係者のストレス対策をしなければならないと強く、そして深く感じたからです。

　そして、ストレス対策や精神的な健康について勉強を重ね、研究を続けていると被災者の心理面についても自然と目が向いていきました。救護活動関係者にとって、要救助者の救出等と同時に救助活動現場にいる家族対応も重要な問題であると理解しました。

　本書では、震災時に発生する様々な被害や活動障害の解説から倒壊建物補強技術、救助現場トリアージ、家族対応、そしてストレス対策まで幅広く震災時に求められる「やるべきこと」を解説しています。本書が多くの救護活動関係者の手助けとなることを願っています。

　本書の発刊に当たり、協力していただいた研究会の仲間たち、そして助言や指導をしていただいた先輩方、本当にありがとうございました。多くの方々の協力により、「夢」としていた本書を発刊することができました。

　最後に、本書を手にしていただいた皆さま、本書はベーシックガイドよりも更に内容の深いものとなっています。可能な限り分かりやすく、また誤り等のないように仕上げましたが、違和感や疑問などがありましたら教えていただきたいと思います。私たち研究会はご意見、ご批判をお待ちしています。皆さまのご協力をよろしくお願いいたします。

平成30年12月

全国救護活動研究会　　代表　　八櫛　徳二郎

# 目　　次

## 第1章　地震災害

**1 震災時に発生する活動事象の特性** ……… 2

① 建物倒壊……………………………… 2

② 火災…………………………………… 4

③ 津波…………………………………… 5

マメ知識

質の良い活動をより長く行うための活動管理！………………………… 7

④ 土砂崩れ……………………………… 7

**2 震災時における活動障害** ………………… 8

① 二次災害危険………………………… 8

② 捜索困難……………………………… 9

③ 交通障害……………………………… 10

**3 震災時における救助現場トリアージ** …… 12

① 通常災害で行われる医療的トリアージ…………………………………… 12

② 震災時の救助現場トリアージはどのようなものか？………………… 13

マメ知識

狭隘空間でのスケッドストレッチャー取扱方法……………………… 16

## 第2章　震災時における捜索活動

**1 消防隊による捜索** ………………………… 20

① 人的基本捜索（ベーシックサーチ）…………………………………… 21

② テクニカルサーチ…………………… 23

③ マーキング…………………………… 26

マメ知識

災害時のメディカルコントロール…… 29

**2 捜索災害救助犬** …………………………… 31

① 捜索災害救助犬とは………………… 31

② 捜索災害救助犬による捜索………… 32

③ 捜索災害救助犬の認定……………… 34

④ 捜索災害救助犬のハンドラーについて………………………………… 34

⑤ 体制、現場指揮システム…………… 35

⑥ 災害現場における連携……………… 36

　ハンドラーの方からの手紙………… 38

## 第3章　倒壊建物対応

**1 倒壊建物の危険判断とショアリング** …… 39

① ショアリング（建物の応急処置的補強）を知る…………………… 40

② ショアリングの具体的な構造を知る…………………………………… 41

マメ知識

くさびを活用し、固定材をフィットさせる…………………………… 43

マメ知識

ガセットプレート（補強板）を活用し、固定材を接合する…………… 43

③ 十人十色の建物の骨格を知る……… 44

マメ知識

釘打ちパターン（強度を高くするため三角形が基本！）……………… 56

**2 建物の重さとショアリングに掛かる力** … 58

① 敵を知り己を知らば百戦危うからず…………………………………… 58

② 建物の重さを知る…………………… 58

③ 柱と梁はどのくらいの重さを支えているのか？……………………… 61

マメ知識

重さいろいろ重量目測………………… 63

④ ショアリングを施す………………… 65

マメ知識

ショアリングに用いる木材の最大耐力…………………………………… 67

**3 木造建物以外の基礎知識**……………68
- ① 建物の骨格の違いと重さについて……………68

（マ）（メ）（知）（識）
設置角度等が耐荷重に及ぼす影響を知る……………72

## 第4章　障害突破

**1 家財排除**……………75
- ① 家財排除とは……………75
- ② 排除していいのか……………75

**2 ブリーチング**……………78
- ① ブリーチングとは……………78
- ② ブリーチング活動……………78
- ③ 活動手順……………80
- ④ その他のブリーチング方法……………87

**3 クリビング**……………91
- ① クリビングとは……………91
- ② 使用資器材……………91
- ③ クリブについて……………92
- ④ クリブの組み方……………92
- ⑤ バールの使い方……………93
- ⑥ 役割分担……………95
- ⑦ 実施要領（例）……………96
- ⑧ その他……………99

**4 ムービング**……………99
- ① ムービングとは……………99
- ② 使用資器材……………100
- ③ 役割分担……………100
- ④ 実施要領（例）……………101
- ⑤ 転がしによるムービング（例）…102
- ⑥ その他……………103

（マ）（メ）（知）（識）
経口からの水分補給……………104

## 第5章　震災時における家族（遺族）対応

**1 DMORTの活動**……………107

- ① DMORTが必要となった背景……107
- ② DMORTが目指しているもの……109

**2 家族（遺族）対応の実際**……113
- ① 急性期の家族・遺族心理……………113
- ② 要救助者が死亡していた場合……115
- ③ 救出活動中に死亡した場合……116
- ④ 要救助者が行方不明の場合………117

**3 黒タッグに関わる問題点と提案**…118
- ① 黒タッグの意義……………119
- ② 黒タッグ取扱いの問題点……………119
- ③ 黒タッグ使用時の心的負担………120
- ④ 震災時におけるトリアージ・タッグの活用……………120

**4 警察との関わり**……………120
- ① 遺体の発見から家族への引き渡しまで……………120
- ② 事故や災害の種類と家族感情……121

**5 訓練・研修**……………121
- ① 実践的研修・訓練の紹介……………121

**6 消防隊員向けロールプレイングシナリオ例**……………123

## 第6章　惨事ストレス

**1 惨事ストレスとは**……………126
- ① 惨事ストレスとは……………126
- ② ストレス反応……………126

（マ）（メ）（知）（識）
惨事ストレス対策の歴史について…128

**2 ストレスの器（キャパシティー）**…130
- ① ストレスの器（キャパシティー）…130
- ② チェックリストの活用……………131

**3 PTSD（心的外傷後ストレス障害）**……………134

**4 惨事ストレスマネジメント（CISM）**……………135
- ① 惨事ストレスマネジメント………135
- ② 惨事ストレスデブリーフィング…138

**5 ストレスの解除（ストレスケア）**…143

① 「絆」を深めよう ……………… 143
② 経験豊富な隊員のストレスケア… 143

## 第7章　各組織活動概要

**1** **消防の活動紹介** ……………… 145
① 消防の組織について ………… 145
② 消防の応援体制について ……… 145
**2** **医療関係の活動紹介** …………… 150
① 大規模災害時の消防と医療……… 150
② DMATとは ………………… 150
③ DMATの活動 …………………… 151
④ DMAT指揮命令系統について…… 153
⑤ 災害救助現場における消防と医
　療の連携…………………………… 154
⑥ 災害医療とCSRM ………………… 154
**3** **警察の活動紹介** ………………… 155
① 警察の組織について ……………… 155
② 災害派遣について（警察災害派
　遣隊）……………………………… 155
③ 大規模災害時への主な派遣実績… 159
④ 消防との違い……………………… 160
**4** **自衛隊の活動紹介** ……………… 160
① 自衛隊の組織について…………… 160
② 災害派遣について………………… 160
③ 大規模災害時への主な派遣実績… 162
④ 近年の震災における自衛隊の活
　動…………………………………… 162
⑤ 自衛隊が実施・参加する訓練…… 163
⑥ 自衛隊の各種対処計画及び業務
　計画………………………………… 163
⑦ 自衛隊と消防の連携……………… 163
**5** **海上保安庁の活動紹介** ………… 163
① 海上保安庁の組織について……… 163
② 災害対応について………………… 164
③ 大規模地震災害への主な対応実
　績…………………………………… 165
④ 近年の震災における海上保安庁
　の活動……………………………… 165

⑤ 海上保安庁の災害への備え……… 166
⑥ 消防及び関係機関との連携につ
　いて………………………………… 166
**6** **自治体の活動紹介** ……………… 168
① 避難場所と避難所………………… 168
② 助かった「いのち」を守る……… 170
③ 自治体の活動……………………… 170

# 第1章

# 地震災害

　地震災害とは、地震の発生により、建物の倒壊、津波、火災、土砂崩れ、液状化現象、危険物の漏洩等、様々な事象が同時多発的、かつ広範囲にわたり発生する大規模な災害です。また、この事象は継続する余震により被害を拡大させ、長期的なものになることも少なくありません。さらに被災地においては、この大規模な特殊災害に対応すべき公的機関自体が被災し、正常に機能しないこともあり、また活動する隊員が過酷な条件下において、長期間にわたり危険にさらされる可能性もあります（図1−1）。

　第1章では危険性と困難性の高い地震災害への対応について主要部分を整理し、震災時に発生する活動事象の特性と、震災時における現場の活動障害を説明します。

　さらに、過去の地震災害でも大きな問題となった、震災発生直後の消防力が劣勢な状況における救助活動現場の優先順位判断についても説明します。

## 震災時に発生する活動事象の特性

| 建物倒壊 | 火　災 | 津　波 | 土砂崩れ |
|---|---|---|---|
| ・瓦礫により車両接近困難<br>・同時多発的な建物からの救助要請<br>・余震による二次倒壊危険<br>・救出活動が長時間に及ぶ | ・瓦礫により車両接近困難<br>・同時多発的に発生<br>・消防水利の損壊による火災防ぎょの困難性 | ・街区消滅により対象建物判別困難<br>・津波再襲来に備えた監視伝達体制<br>・水域活動に合わせたPPE<br>・防水性能のある資器材の重要性 | ・屋内土砂除去に対する重機接近困難<br>・余震による再崩落危険<br>・広範囲の専門的な監視体制が必要<br>・救出活動が長時間に及ぶ |

※PPE（Personal Protective Equipment：個人防護装備）

図1−1

# 1 震災時に発生する活動事象の特性

　震災時に発生する様々な活動事象には、地震により倒壊した人工構造物による挟まれや狭隘閉鎖空間への閉じ込め、また津波や土砂崩れ等による孤立や生き埋め等があります。このような人工構造物、つまり、建物などの倒壊している状況下で生存者を救出するには、迅速な救助活動への着手が必要になるのと同時に長期継続的な活動も必要となります。そこで、あらかじめ震災時に多く発生する救助事象について整理し、その特性について確認しておきましょう。

## 1 建物倒壊

　過去の地震災害における建物倒壊を見ると、その多くが地震の揺れによる倒壊と、地震により発生した津波や土砂崩れによる倒壊となります。地震により被災した建物を見ると、耐火造建物から木造住宅まで多様な建物が、地震動により全壊、半壊、又は一部損壊するなど状況は千差万別です。それらの倒壊建物が集中するエリアは断層を中心とし、軟弱な地盤を含め広範囲にわたります。さらには、建物の倒壊が起因する火災の発生も多く、ときに救助活動に優先し消火活動を展開していく必要があります。

　また、救助活動を行うにも震災発生直後は消防力劣勢期といわれ、同時多発的に救助事象が発生し、住民等から求められる倒壊建物からの救助要請に対し、平時のように適切に応じていくことは非常に困難となります。現場の状況によっては、優先順位を付け、活動場所を判断し、対応しなければなりません。この「震災時における救助現場トリアージ」についてはこの章の③で詳しく説明します。

写真1−1　木造家屋の倒壊状況

写真1−2　RC建物の倒壊状況

　震災時における建物倒壊に対する活動は、瓦礫や道路の損壊により資器材積載車両が直近部署できないことが多々あり、マンパワーにて瓦礫を乗り越えつつ資器材を搬送することとなります。さらに津波による倒壊の際には、多量の水分を含んだ土砂やヘドロ、また津波により押し寄せた海水等が広範囲に市街地を浸水させ、行く手を阻むこととなります。よって各種資器材の搬送にも困難を極めることとなります。発災直後は難しいですが、可能な限り早期に重機を投入し活動動線を確保することが有効でしょう。

1 震災時に発生する活動事象の特性

表1−1 建物の倒壊パターンと狭隘空間の状況

| | |
|---|---|
| 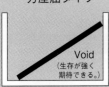 一方座屈タイプ | 床面の一方が崩落し、一方は壁などに支えられた状態です。<br>不安定材を安定材が支えているため、比較的に安定している可能性が高いといわれています。しかし、不安定なことに変わりはないので注意が必要です。壁などの安定材と接する状況により、安全性が変わります。 |
| 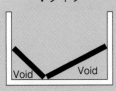 Vタイプ | 床面の中央付近が崩落した状態です。梁の接合部など建物の中央付近で発生します。<br>一方座屈タイプと同様で不安定材を安定材が支えているため、比較的に安定している可能性が高いといわれています。しかし、不安定なことに変わりはないので注意が必要です。壁などの安定材と接する状況により、安全性が変わります。 |
| 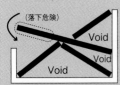 腕木タイプ | 床面の一方が張り出し、一方は埋まった状態です。<br>張り出した部分の落下危険が非常に高く注意が必要です。コンクリート等の重量物が落下してきたら、ひとたまりもありません。張り出し部分の下部での作業は、原則禁止です。人命救助など作業が必要な場合は、充実した落下防止処置が必要です。 |
| 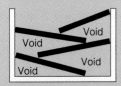 多重座屈タイプ | 複数階が崩壊し、何層にも積み重なった状態です。倒壊建物の至る所に狭隘空間が発生します。<br>不安定材を不安定材が支えている危険度の高い状態です。ブリーチング等で一部破壊する場合には特に注意が必要です。 |
| 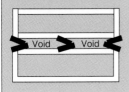 座屈階降下タイプ | 複数階の建物でうち一つの階層が全体的に座屈し降下した状態です。<br>特徴として、建物の倒壊部分から上層部が水平に降下し、建物自体は安定していることが多いです。しかし、上層階を地面から直接支える柱がないことから、傾き観察が重要です。 |

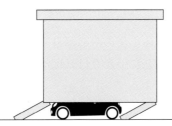

1階が駐車場などで柱のみで構成され、壁（耐力壁）がない建物は、柱が倒れる形で1階部分が座屈している状況が多く発生します。

図1−2 座屈階降下タイプの中でも特徴的なタイプ

写真1−3　津波による建物倒壊

　救出活動は、余震の発生による二次倒壊や津波の再襲来に十分注意し実施することとなります。その上で「一人でも多くの生存者を救出する。」ことを強く念頭に置き、避難誘導、脱出支援、救出活動を行っていきます。救出活動が必要な要救助者の発見時には、CSRMベーシックガイド（以下「ベーシックガイド」という。）にて紹介した内容をはじめ、このCSRMアドバンスドガイドで紹介する内容を参考に、要救助者の容態や倒壊建物の状況に合わせた救助活動を展開していく必要があります。

## ❷ 火災

　過去の多くの地震災害で、火災が同時多発的に発生しています。地震災害時に発生する火災は、通常の火災と大きく異なる点が多々あります。ここでは、代表的なものを3つ説明します。
　1つ目は先にも述べましたが、同時多発的に発生することです。日常では二次火災として同時に2件火災が発生しただけで、その対応の困難度合いは計り知れません。それが震災時には発災時間などの条件にもよりますが、5件、10件……と発生するのです。
　2つ目は、倒壊建物やそれらから発生した瓦礫の散乱、道路のダメージ、さらには一般市民の放置車両等により、消防車両や緊急車両が現場にたどり着くこと自体が困難だということです。消防は「人と機械と水」で成り立つとよくいわれますが、その機械と水を現場に持って行けないということは、消防士として仕事ができないといっても過言ではありません。
　3つ目は、消火活動にとって最重要ともいえる消火栓の問題です。水道管や防火水槽の損壊により、消防水利（消火栓）から水をとることができない状況も考えられます。その場合、遠方の自然水利からの長距離送水が必要になります。これらのことから道路啓開や長距離送水について計画を立て、訓練をしておくことが重要です。
　このように、地震災害時に発生する火災の対応は日常と大きく異なります。状況によっては、救助活動に優先して消火活動を展開していかなければならない場合もあります。これらの特異性をよく理解することがとても重要です。

1 震災時に発生する活動事象の特性

写真1－4　震災時の火災状況

## 3 津波

　津波は沿岸部のみならず、河川を遡上することから、海抜の低い地域を中心に内陸部まで広範囲にわたり被害が及ぶこととなります。凄まじい津波の力は、多くの木造住宅を押し流し、激しく建物を破壊します。さらに、その建物は津波の流れによっては一箇所に集まり圧縮されるような状況となることがあり、捜索活動を一層困難にします。ときには、耐火構造の強固な建物であっても破壊され、街区の全てがなくなることもあり、地図等を活用した対象物の特定に時間を要し、迅速な救助活動の着手に影響を与えることとなります。また、余震が継続している状況や、津波注意報・警報の発令中における浸水区域内での活動においては、活動隊員の退避経路と避難場所の設定が最も重要です。常に情報収集と分析に努め、適切に地震情報、津波情報、潮位変化等、緊急・重要情報を活動隊員全員に迅速に伝達できる体制を構築しなければなりません。
　津波襲来前には、活動隊員自身も事前計画を参考に、退避経路と避難場所を把握し、自らの安全を確保した上で、周辺住民等の避難誘導や避難支援を実施します。そして、活動可能な範囲を

写真1－5　津波による被害状況

判断し、救助活動に着手しなくてはなりません。このことからも、平時から自治体より示されているハザードマップ等により浸水予想区域や、予測される震源地から自らが管轄する自治体に津波が到達する予想時間を把握し、津波到達予想時間前に一時的に活動を中止し、安全確認などを実施することなどを取り決めておくことが重要でしょう。

　津波襲来後は、押し寄せた津波が戻ろうとする引き波、さらには津波の再襲来に注意した活動になります。

　既に浸水した区域での活動となる場合は、十分な浮力機能を有したライフジャケットの着用と、状況により保温と浮力確保のためにもウエットスーツの着用が有効です。またヘドロや下水、さらに危険物の漏洩も考慮し、ドライスーツや胴付長靴等、汚水が直接体に触れない装備を着用した身体保護も重要です。その上で船外機付きボート等が使用できない状況にある場合は、人力にて環境に応じた各種ボート（アルミボート、プラスチックボート、ゴムボート、水上バイク等）を曳航した救助活動を長時間継続することとなりますので、適切に交代要員を投入することが必要です。しかし、消防力劣勢期の人員数により交代が不可能な場合は、各隊員が限界を超えた活動にならないように隊員ごとの活動時間の管理を徹底しなければなりません。

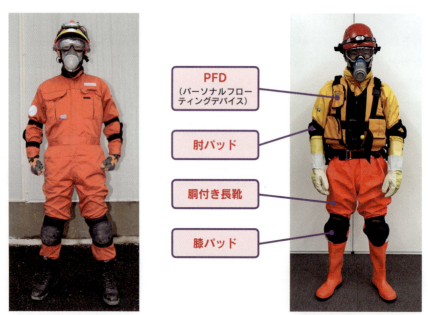

写真1−6　震災活動時におけるPPE　　　写真1−7　津波災害捜索活動時におけるPPE

　地域の特性により陸津波も想定しておかなければなりません。ため池を多く有する地域では、ため池えん堤、ダム等の決壊により大量の水が一気に流れ出し、河川や用水路に関係なく下流域へ一気に到達します。陸津波は地震発生直後に発生することから、避難をする時間がないため、多くの人的被害に結びついてしまう可能性が非常に高くなります。事前の対策が非常に重要です。

　今後、災害に備えていく点で、特に塩分を含んだ浸水エリアでの活動は、救助資器材、通信用資器材等に与える影響が大きいことから、保有する資器材の防水性能の把握はもちろんのこと、更新時、また新規整備の際には、防水防塵性能を考慮した選定も必要です。

## マメ知識　質の良い活動をより長く行うための活動管理！

　大規模災害は発災から数時間、さらには数日間継続した活動を余儀なくされます。そんな中、隊員は使命感から自身の体力や能力を超えても任務を遂行しようとします。よく聞かれる「大丈夫です！　まだやれます！」がその証拠です。しかし、その活動は活動時間や活動環境、また活動内容によって活動着手時から時間を追うごとに疲労や心的ストレスが蓄積して活動力が低下し、有効な活動とは言い難い状況になっていきます。さらには疲労から注意力も散漫になり、受傷事故や作業ミスの発生につながっていきます。消防力優勢期であれば、交代要員を多数投入すれば対処可能ですが、交代が期待できない発災直後の大規模災害では、限られた隊員の貴重な活動力が低下する前に、ローテーションを組み休息時間を適宜確保し、限界を感じさせないことが重要です。その結果、少人数でもローテーションを効果的に行うことで長時間集中力を保った質の良い活動を継続できることになります。活動時間の基準はありませんが、災害現場において任務や危険度、環境や隊員の能力を勘案し、適切に設定できるよう、あらかじめ訓練等で検証し、組織で検討しておくことが有効です。

## 4　土砂崩れ

　地震による土砂崩れは、山間部だけではなく、高低差のある市街地においても発生します。この際の土砂崩れは、降雨によるものと違い多量の水分は含みません。建物を押し流す土砂は建物を倒壊させるだけではなく、屋内に土砂や樹木が絡み合うように流れ込むため、重機の使えない状況にあっては、土砂を取り除くこと自体、困難を極めることとなります。また、地震によりダメージを受けた地面は、続く余震により更に土砂崩れの範囲を拡大させていくこととなります。そして、土砂崩れの規模も場所により想像を絶する土砂量となり、現場へ接近すること自体が危険を伴う場合も多くあります。組織として監視体制を確立することはもちろん、専門家からの意見を仰ぐと同時に、救助活動着手時には、避難経路を明確に設定しておかなければなりません。さらに、緊急地震速報発令時には適切に伝達できる体制をとり、確実に実行できる退避方法を準備した上で活動を行うことが重要です。捜索活動が長時間に及ぶことが多い土砂災害現場での活動は、あらかじめ計画的に適切な交代要員を投入できる体制を整え活動に着手すべきですが、人員数により不可能な場合は、活動時間の管理を徹底し、適宜休憩させ、計画的に活動を行わなければなりません。

写真1－8　土砂による被害状況

## 2 震災時における活動障害

　震災時の活動は予測不能な大きな揺れが余震として繰り返し発生する中、継続して行わなければなりません。その余震は、ときに本震と同レベルの震度を示すことがあり、活動障害を更に増大させます。地震災害では多種多様な活動障害が予想されますが、ここでは二次災害危険、捜索困難、交通障害の3つに着目し考えていきましょう。

### 1 二次災害危険

　過去の地震災害における活動では、殉職や負傷等、痛ましい事故が多数発生したことを忘れてはいけません。まず、地震の発生により倒壊した建物における現場活動は、余震の発生はもちろんのこと、ライフライン（電気、水道、ガス）の損壊により様々な活動危険（漏電・漏水・漏洩）があり、現場活動に影響を与えることを認識しておきましょう。さらには、危険物を扱う施設においては、特殊な危険物の流出も考えられます。また、周辺環境が破壊されている状況ですので救出活動を実施していくことにより、二次倒壊や火災の発生等、あらゆる二次災害の危険要因があることを忘れてはなりません。

　倒壊建物の構造や素材によっては、粉塵が大量発生します。この粉塵は倒壊直後から大量に発生しますが、津波又は水分を含んだ土砂崩れの場合には、地震発生直後より、時間の経過とともに乾燥することで空中に飛散する粉塵の量が増えていくことになります。この粉塵には人体の健康に影響を与える物質が多く含まれていることから、呼吸器官の保護が重要になります。さらに、鋭利な瓦礫の存在する現場での活動においては、あらゆるPPEの予備を複数保有し、破損時には速やかに交換できる準備が必要です。また、夜間や暗所において長時間の活動となる場合を想定し、乾電池及び充電設備を、現場指揮本部や活動隊において保有管理しておく必要があります。

写真1-9　危険物流出

写真1-10　損壊による粉塵

## 2 捜索困難

　地震災害は過去の事例からも被災範囲が広域にわたることが多く、災害実態の把握に時間を要することになります。さらに、捜索現場（エリア）の決定が重要ですが、広域にわたる被災範囲において限りある消防力を「要救助者の生存の可能性が高い時間内」に「救出可能と判断できる現場」に投入するには、計画的に捜索現場を決定し、活動を進める必要があります（捜索活動については、第2章で説明します。）。

　津波災害では地図上で捜索現場を絞り込み、捜索隊員を投入しようにも、道路面の損壊や建物が基礎から押し流された状況にあるなど、地図と現場が一致せず捜索現場を特定できない場合もあります。ときには自隊の現在位置すら把握が困難になることもあります。

写真1−11　広範囲にわたる被害状況

　また、捜索現場周辺の被災者の方々は混乱状態にあるため、消防隊の活動に対して理解を得られない場合もあります。しかし、救助現場トリアージの考えをしっかりと持ち、判断しなければなりません（関係者との関わりについては、第5章で詳しく説明します。）。

　指定された捜索現場へ向かう際にも、被災者から救助要請や捜索要請など、様々な訴えを受け速やかに現場に到達できないことも考えられます。

　保有資器材には限りがあるため、多数存在する捜索現場全てに捜索用資器材を投入することができません。そのため人的基本捜索等、人間の五感を活用した捜索活動が有効となります。人的基本捜索の精度を上げるためには、周辺の騒音（声、破壊音、車両音、ヘリコプター音等）を全て消し、完全な無音状態とする時間を作る（サイレントタイム）など、組織を挙げ対策を講じる必要があります（人的基本捜索については、第2章で説明します。）。捜索するために、適宜倒壊建物の部分破壊を必要とする場合もありますが、自隊保有の資器材のみでは救出が困難な場合、又は時間を要する場合は救助現場トリアージを行います。また、震災時における人的活動では対

応が困難な状況が多いため、重機の投入も急がなければなりません。

　津波・土砂崩れによる災害において、押し流されてきた瓦礫や樹木は捜索の行く手を阻む原因となります。瓦礫や樹木は押し流されながら複雑に絡み折り重なり、要救助者までの距離を遠ざけるため、弱く発せられる要救助者からの生存信号を感じることが困難となります。

　東日本大震災で活動したある組織は、浸水した水や水分を多量に含んだ土砂により行く手を阻まれ、捜索に向かうことすらままならない状態となり、「最大の敵は水であった」と震災活動を振り返り表現されました。

　このように水は捜索に当たる隊員にも大きな影響を及ぼします。地震災害では、人間の五感による捜索活動が有効となりますが、行く手を阻む水に体力を奪われ、長時間を要する捜索自体が難しい状況になります。過去の事例を重く受け止め、各組織が多角的な対策を講じておく必要があると考えます。

写真1－12　津波災害後の捜索活動

写真1－13　津波による被害状況

## ❸ 交通障害

　震災対応の際、消防活動に影響を及ぼす交通障害の発生要因は多岐にわたります。まずは瓦礫があります。一般住宅であれば倒壊した壁や屋根、また住宅を取り囲む塀が倒れ道路に堆積することとなります。次に市街地に張り巡らされた電柱や電線の倒壊もあるでしょう。倒壊した電柱や電線が道路や近隣建物に寄り掛かるように倒れ、行く手を阻むことになります。さらには地震による道路の損壊も想定すべきであり、陥没や段差の発生、路肩崩れも管内のあらゆる場所で発生します。

　液状化現象も忘れてはなりません。沿岸地付近に多く発生しますが、それ以外の地域でも水分を多く含んだ地質において、その発生は否定できないことから、管内の地質状況を把握しておくことも有効でしょう。

　津波襲来時には、ヘドロを大量に含んだ海水や、押し流された瓦礫等により、多くの道路が通行できない状態となります。この場合、浸水からも大きな影響を受け、低地やアンダーパスなどが浸水することから、通行は寸断されてしまいます。河川に架かる橋も損傷し、河川の通過に必要な経路が絶たれることとなります。

2　震災時における活動障害　　11

写真1－14　交通障害の発生状況（津波による堆積物）

　山間部においては土砂崩れにより道路が寸断し、孤立地区が多数発生するおそれがあります。孤立地区に接近するには、ヘリコプターの活用も考慮しなければなりません。
　地震の揺れにより多くの交通障害が発生しますが、人的要因も忘れてはいけません。地震発生時は、多くの人々が車両を利用して避難することが予想されるため、周辺の道路が渋滞することも考慮しなければなりません。さらに停電により信号が停止し、パニックを助長することから、スムーズな通行が難しくなります。
　その他の要因としては、消防車両の燃料不足や故障、トラブルも忘れてはなりません。瓦礫等を乗り越え通行をした場合、パンクや瓦礫との接触により車両が破損し運行不能になる状況も、震災時における交通障害の一つとして考えておくべきでしょう。これらのことから、災害対応に向かう消防車両は現場接近が困難となり、遠方から資器材を搬送することで長時間を要し、体力を消耗することとなります。非常事態ともいえる地震災害発生中は、車両から遠く離れ長時間活動することも多くなるため、必ず全座席ドアの施錠はもちろんのこと、資器材庫扉の施錠も忘れてはなりません。資器材の管理においても平素以上に徹底しておく必要があります。

写真1－15　交通障害の発生状況（土砂崩れ）　　写真1－16　交通障害の発生状況（電柱倒壊）

## 3 震災時における救助現場トリアージ

　震災時における救助現場トリアージとは、どのようなものでしょうか？　この項目で説明する「救助現場トリアージ（レスキュートリアージ）」は、広域な現場の状況を把握したのちに実施する「捜索場所のトリアージ」とは内容が異なります。

表1−2

| 救助現場トリアージ（レスキュートリアージ） | 捜索場所のトリアージ |
|---|---|
| ・発災直後～災害中期<br>・現場（地域）の状況不明<br><br>・各署所の管轄区域<br>・最低限の情報から救える命を救う。 | ・災害初期（24時間程度経過）～災害後期<br>・現場（地域）の情報がある程度収集できており、災害の全体像が見えている。<br>・被災地の災害対策本部等<br>・収集した情報から消防力を集結させ、捜索する場所を選定する。 |

※人命救助活動を中心に考えた分類
　発災直後：自己所属隊のみで対応、災害の全体像は不明。
　災害初期：隣接市町村応援隊が到着し始める。発災から24時間程度経過、消防は劣勢な状況だが、災害の全体像は見えてくる。
　災害中期：県内応援隊が到着し始める。発災から48時間程度が経過し、応援隊も具体的に活動が始まる。
　災害後期：緊急消防援助隊も活動が始まり、発災から72時間程度が経過し、消防力は優勢となる。

　はじめに、通常災害のトリアージ（医療的トリアージ）について概略を説明し、その後救助現場トリアージについて説明します。

### ❶ 通常災害で行われる医療的トリアージ

　10人以下程度の複数傷者で考えると、現場から搬送できる状態の傷者に対して医療的トリアージ（現在一般的にいわれているトリアージ）を行います。さらに、ある程度救出時間が予測できる場合に、すぐに搬送できる状態の軽傷者を後回しにして待機させ、間もなく救出されるであろう重傷者を優先します。しかし、軽傷者が容態悪化する可能性はゼロではないので早急に救急隊を増隊し、速やかな全員の搬送を目的に消防力を確保します。

　次に、10人を超える一般的に多数傷者といわれる状況（10人という数字に全国的に統一された定義はありません。）ですが、この場合、基本的に応急救護所に搬送されてきた傷者に対して医療的トリアージを行います。重傷者が救出中で救出予想時間が短時間であれば、重傷者の搬送を優先する判断も多少なら行うかもしれませんが、救出時間が不明な場合は重傷者を優先する判断は困難だと思われます。

　余りにも傷者が多い場合、救出現場の活動は「目前の救出できる傷者を救出する」という意識（判断）が強くなっていきます。このかぎ括弧書きの言葉は消防隊員にとっては非常に意味深く、複数の救出現場に対し、救出する優先順位は付けられないので、「目前の」又は「最初に接触した」傷者に責任を持つという考え方が定着しています。

## ❷ 震災時の救助現場トリアージはどのようなものか？

　震災時でも応急救護所に傷者が集まっている場合は、通常のトリアージに近い動きになると思います。しかし、震災時では、要救助者を見つけるための捜索場所のトリアージと、要救助者情報が複数ある場合の救助現場のトリアージ（レスキュートリアージ）が必要になると思われます。

　まず、捜索場所のトリアージですが、このことに関しては数値的優先順位割り出し法などで行います（ベーシックガイドP.26参照）。このような災害状況の把握と捜索場所の優先順位判断は、大規模土砂災害の現場でも実際に行われましたので定着しつつあると思われます。

　次に複数の現場がある場合の優先順位の判断、救助現場のトリアージ（レスキュートリアージ）です。このトリアージは前提条件として、消防力が圧倒的に劣勢で対応しなければならない状況です。さらに、音響探査装置などの特殊資器材が使用できる環境以前の状況と考えてください。

　レスキュートリアージの判断が求められる状況は、大きく分けて３つのパターンがあると考えます。

《Ａパターン》
　同時に「要救助者がいるという確実な情報の元」に通報があり、複数の現場が発生する。
《Ｂパターン》
　通報現場に向かう途中に複数の現場を発見する又は通報を受ける。
《Ｃパターン》
　捜索により次々と閉じ込めの要救助者が発見され、複数の現場が発生する。


　これは、Ａパターン及びＢパターンは発災直後から災害初期、Ｃパターンは災害中期以降に考えられる状態です（状況によっては、どの時期にも起こり得ますが、過去の災害から考えたパターンです。）。それぞれに異なる問題があり、一概には決められませんが、判断の基準は必要だと思われます。これらの状況で収集する必要がある情報について説明します。


《Ａパターン》
　現場トリアージを実施するために、以下の項目について情報収集をする。
**情報収集項目**
　・場所（車両での接近が可能か？）
　・要救助者の位置は特定できているか？
　・一般市民による救出の可否
**判断要素**
　・要救助者の生命反応
　・救出予想時間
　・火災接近緊急度
　・倒壊危険度

## 14 第1章 地震災害

### 《Bパターン》

原則、通報現場に向かう。発見及び通報を受けた現場は本部に確実に報告する。その際、本部で優先順位が判断できるように情報収集をする（この情報収集に時間を掛けてはならない。）。

#### 情報収集項目

- ・場所（車両での接近が可能か？）
- ・要救助者の位置は特定できているか？（これは捜索が必要かどうか？　ということで位置特定済みの現場は、これから捜索しなければならない現場より優先順位は高くなると思われる。）
- ・一般市民による救出の可否

#### 判断要素

- ・要救助者の生命反応
- ・救出予想時間
- ・火災接近緊急度（火災接近の具体的危険があれば、緊急度は高くなる。）
- ・倒壊危険度（倒壊危険については、救助隊の命に関わる問題で倒壊危険度により活動する部隊が変わる。重量建物で倒壊危険が高い場合、一般の消防隊及び救助隊では対応不能と判断される場合もある。）

### 《Cパターン》

捜索により次々と閉じ込めの要救助者が発見され、複数の現場が発生する。

前提条件として、

- ・既に車両で接近していて資器材が到着している。
- ・捜索済みで要救助者の位置が特定できている。
- ・一般市民の協力を考慮する状況ではない。

このような状況を考える。

#### 判断要素

- ・要救助者の生命反応
- ・救出予想時間
- ・火災接近緊急度
- ・倒壊危険度

※生命反応：呼び掛けに対して音による反応がある。声が聞こえる。直接触れることができ、バイタルを取ることができる。通報者が一緒にいて自分だけ出てきた。など

3　震災時における救助現場トリアージ　15

図1-3　生命反応

　このような内容を情報収集し、救助活動を行う現場をトリアージし、優先順位を付けなければなりません。震災時の救助活動では、いつ発生するか分からない余震による被害から救える命を救うため、短時間で救出できる現場を優先する必要があります。さらに、火災が接近してきている状況なども考慮しなければなりません。

---

**救助現場トリアージ**

定義：要救助者の生命反応が確認できる状況にあり、短時間で救出できることが予想され、二次災害発生危険度が低い現場を優先する。火災が接近している場合は火災接近速度を勘案し、救出可能と判断できる火災接近側を優先する。

※活動隊が複数ある場合は、活動隊を現場の危険度や救出の困難度により選別しなければなりません。

---

　最後に、過去の震災で活動した消防士で、多くの現場から救出を求める声が掛かり、自己の判断で活動した方が「違う選択肢があったのでは？」と災害後に悩んで、惨事ストレスに苦しんでしまった事例もあります。震災時の状況では一般的な医療的トリアージを行うことは困難です。このような場合、救助現場トリアージが必要となるのです。「生命反応がある」、「自隊で対応が可能」、「救出予想時間が早い」、「救出時の安全度が高い」などの事前に決められた判断要素で優先順位を決めることが重要です。通常災害の現場では、隊長などの指揮者による判断で優先順位を付けていますが、震災現場では隊長の判断可能範囲を超えている場合が多いようです。事前に判断要素を明確にしておくことで活動が円滑になります。関係者に対しても「大規模災害では現場が複数存在します。事前に決められた判断基準の下で優先順位を付けて救出活動を行っています。」といえるのではないでしょうか。このように感情と切り離した判断基準が必要なのです。

## マメ知識　狭隘空間でのスケッドストレッチャー取扱方法

　倒壊建物内は瓦礫が散乱し、鋭利な突起物が飛び出している可能性が高いため、救出時に要救助者を防水シートで保護しただけでは不十分な場合があります。

　ここでは、要救助者を保護しながら狭隘空間から救出することに有効な資器材のうち、現在多くの消防本部で使用されているスケッドストレッチャーの取扱方法を紹介します。

**【特性】**
　狭隘空間でスケッドストレッチャーを使用するには、次の特性を考慮する必要があります。
・要救助者の全身を包むことができ保護力の高いロングタイプと、狭隘で曲がりくねった経路を救出する場合に有効なハーフタイプがあります。
・脊柱運動制限器具として設計されていないため、必要に応じて頸椎カラーやバックボード等と組み合わせてください。
・材質のポリエチレンは保温性がなく、逆に熱伝導により要救助者の体温を奪うため、必要に応じて保温処置を行ってください。
・複数のストラップが取り付けてあるため、障害物に引っ掛からないよう確実に処理をしてください。

**【進入前の準備】**
　狭隘空間内で広げることは困難であるため、進入前に縦方向に丸めた状態にします（写真1－17）。

**【要救助者を乗せる（1人ログロール）】**
① 　1人ログロールをして、可能な限り要救助者の近くにスケッドストレッチャーを置きます（写真1－18）。
② 　要救助者をゆっくり戻し、スケッドストレッチャーの中央へ滑らせて移動させます（写真1－19）。

写真1－17　進入前の準備

写真1－18　1人ログロール

写真1－19　ゆっくり戻し移動させる

## 【要救助者を乗せる（引きずる）】

スケッドストレッチャー上での作業は体が滑って力が入りにくいため、補助者が救助者の足を保持して安定させます。補助者がいない場合は、地物等に足を引っ掛けましょう。

この方法は少しずつしか要救助者を移動できず、救助者は多くの体力を消耗します（写真1－20）。

写真1－20　肩をつかみ引き寄せる

## 【搬送方法】

要救助者の搬送は基本的に少しずつ引きずることになります。2人の救助者で作業する場合は、次の方法があります。

① 救助者が要救助者の頭部側と足部側に位置する方法（写真1－21）

全体を見渡せますが、要救助者が障害となり出口から遠い救助者が脱出不能になる可能性があります。

② 2人の救助者が要救助者の頭部側に位置する方法（写真1－22）

要救助者が障害となり救助者が脱出不能となる可能性は低いですが、スケッドストレッチャーの足部側が障害物に引っ掛かった場合は対処しにくいことがあります。

写真1－21　頭部側と足部側に位置する方法

写真1－22　2人とも頭部側に位置する方法

## 【段差のクリア】

狭隘空間内で段差を乗り越える場合は、救助者の体をスロープに見立ててスケッドストレッチャーを滑らせます。スロープとなる救助者は膝、肩、腕で要救助者を支えバランスを取りながら操作する必要があります。

段差のクリアのように要救助者の体位を大きく変換した後は、観察を確実に行い容態変化がないか確認しましょう（写真1－23）。

写真1－23　段差のクリア

## 【ハーフスケッドのストラップ処理】

持ち手の中にストラップを通します。そうすることによって持ち手部分が持ち上がり、引きずって救助する際に瓦礫に引っ掛かりにくくなります（写真1-24）。

写真1-24　ストラップの処理方法

## 【保温用シートとハーフスケッドの組合せ】

ハーフスケッドの股関節用ストラップは本来股を通して使用しますが、保温用シートで要救助者をパッキングした場合は股を通すことができません。その場合はストラップを骨盤部に十字に架け、しっかり締め付けるようにしましょう。

段差のクリアをする場合は、ハーフスケッド内で要救助者がずれないように十分注意する必要があります（写真1-25）。

写真1-25　保温シートとハーフスケッド

## 【要救助者の足を包む】

スケッドストレッチャーで要救助者の足を包む方法は複数ありますが、狭隘空間での救助活動では足が飛び出さないようにしましょう。特に要救助者が裸足の場合には保護する必要があります。

しかし、無理やり足を入れ込もうとすると痛みを伴うことがあるため、注意する必要があります（写真1-26）。

写真1-26　足を包む

## 【ハーフスケッドで足部側からの救出】

ハーフスケッドは要救助者を頭部側から救出するよう設計されていますが、工夫次第で足部側から救出することも可能です。

① 事前にウェビングやパイプ等を使用し、ストラップを延長しておくと活動しやすくなります（写真1-27）。

② 要救助者を逆さに乗せ、胸、腹、肩の順にそれぞれの位置にあるストラップを締めます。このとき要救助者の頭がハーフスケッドから出ないように注意しましょう。また、胸の部分のストラップが首に掛からないようにしましょう（写真1-28）。

③ 肩の位置にあるストラップは持ち手に通し折り返した状態に設定することで、要救助者が頭部側にずれることを防止できます（写真1-29）。

写真1-27　事前にストラップを延長しておく

④ 救出時は、延長したストラップに要救助者の足を乗せるように活動します。そうすることで足が持ち上がり、瓦礫に引っ掛かることを防止しながら救出に有効な姿勢をとることができます（写真1-30）。

写真1-28　要救助者を逆さに乗せる

写真1-29　肩に当たるストラップを締め付ける

写真1-30　足部を持ち上げることができる

〈参考・引用文献〉

・消防庁ホームページ（http://www.fdma.go.jp/）

# 第2章　震災時における捜索活動

第2章では、捜索活動について細かく説明します。発災直後から災害初期では、救助要請などの通報が多く消防力劣勢期といわれる状況で第1章で述べた救助現場トリアージを行い、「救える命を救うため、できることを行う。」という活動になります。発災から2、3日が過ぎると応援隊などの活動も始まり、消防力が劣勢な状況は変わりませんが消防力も増え、消防隊による積極的な捜索活動が始まります。

## 1 消防隊による捜索

震災が発生すると、被災区域は広範囲に及び、要救助者も多数となり、消防機関の消防力が不足するため、効率的かつ効果的な捜索活動が必須となります。ただやみくもに探すのではなく、関係者から情報を集め、集めた情報を評価し、捜索の計画を立てなくてはなりません。

そのためにも、ある程度広範囲の地域を対象として情報収集を実施する「情報収集班」、集めた情報から捜索区画の優先順位を決定したり、活動方針を決定する「指揮班」、決定された区画に対し捜索活動を実施する「捜索救助班」等の班を設定し、効率的な活動を実施する必要があります。

### ⑴　情報収集

捜索現場が多数で広範囲な場合は、捜索効率の向上及び要救助者発見の確率を上げるため、まず始めに情報収集を実施する必要があります。

収集すべき情報として
① 　要救助者に関する情報
・要救助者の有無、人数、性別、年齢、服装、氏名
・要救助者の位置を特定するために、家族や関係者から、災害発生時に要救助者がいた場所又はいる可能性の高い場所、災害前の建物内部の情報
② 　災害実態を把握するための情報
③ 　活動危険情報や危険物情報
等が挙げられます。

### ⑵　情報の評価・捜索計画

情報収集をした結果、家族や関係者からの有力な要救助者情報については、早期に捜索救助班

を目的の位置へ派遣し捜索させる必要があります。これにより、要救助者の発見に至らなくても要救助者につながる有力な情報、付近の情報及び危険物情報などその後の活動に生かす情報を得ることができます。

　次に捜索を担当する地区を地図に落とした後、グリッド線を引き、更に小さな区画に分けます。その後、集めた情報を評価し、「どの区域を優先的に捜索するのか」を決定します。捜索範囲の具体的な決定法として「数値的優先順位割り出し法（POD法）」（ベーシックガイドP.26参照）等があります（※POD…Probability Of Detection（発見可能性の高い場所））。

　捜索計画が決定すれば、第1優先区画の捜索活動を実施し、捜索が終了すればその区画を消し、次点の優先順位の区画の捜索活動に移行していくこととなります（地図上の範囲を「区画」と表現しています。）。

図2-1　捜索活動の一連の流れ

## 1　人的基本捜索（ベーシックサーチ）

　人的基本捜索とは、捜索隊員が特別な資器材を使用せず、人間の五感を使い、移動しながら要救助者や手掛かりとなる痕跡を捜索する方法のことです。

　人的基本捜索の方法には、横一列に並び前進しながら捜索する方法、捜索箇所を囲んで円状に並び、中心に向かって前進して捜索する方法、中心部から周囲に向かって広がっていく方法等があります。

　捜索方法は、捜索場所の広さや瓦礫の状況等を考慮して選択することで、より効果的に捜索を実施することができます。

《捜索手順・横一列に並び前進しながら捜索する方法》
① 効率的に捜索活動を実施するため、隊員は横一列に3～5m程度の間隔で並ぶ。
② 指揮者は隊員の後方など、全体を見渡せる位置から、隊形を確認し、捜索漏れがないように注意する。
③ 全員が同じ方向にゆっくりと進み、呼び掛けながら捜索する（図2-2）。
　　瓦礫の下に長時間閉じ込められている要救助者にとっては、自分を探しにきている救助隊の存在は大きな励ましになります。

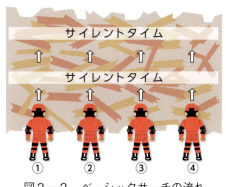

図2-2　ベーシックサーチの流れ

聞こえやすい大きな声で呼び掛け、名前が分かればできる限り名前を呼ぶようにしましょう。

また、要救助者は体力及び精神力をかなり消耗している可能性があります。要救助者が呼び掛けに反応して出す声は「聞こえるか聞こえないかのかすかな声」であったり、声を出せないため、何かの物音を出しているという可能性もあるという認識が必要です。

捜索すべき狭隘空間を発見したら指揮者に報告し、状況によっては後述するテクニカルサーチを併用する必要があります。

④ 3m程度進んだら、指揮者の合図（合図の警笛にあっては次ページ）により呼び掛けをやめて、サイレントタイムを設けます。

サイレントタイムは、人間の聴力で呼び掛けに対する反応の確認をする時間です。

サイレントタイムは「静かにする」程度の考えではなく、「完全なる静けさ」を目指す必要があります。隣の捜索区画における声や、ヘリや車の走行音なども障害となるため、ある程度広い範囲に規制を掛ける必要があります。

⑤ 反応が確認できない場合は、呼び掛けとサイレントタイムを繰り返しながら、前進していきます。

⑥ 隊員が声や物音等の反応音を聞いた場合は、反応場所の特定活動に移行します。

反応音を聞いた隊員（②）は、その場で停止し、「声確認」や「音確認」等の報告を指揮者に実施し、反応音が聞こえた方向を指さします。反応音を聞いた隊員は聞こえた方向を指さしたまま停止し、その他の隊員は指揮者の指示により再度前進していきます（図2-3）。

⑦ 再度呼び掛けとサイレントタイムを繰り返しながら前進し、別の隊員（①）が反応音を聞いた時点でその場所で停止し、聞こえた方向を指さします（図2-4）。

⑧ 指をさしている2人の隊員を残し、他の隊員は再度捜索を開始します。

再度別の隊員（③）が反応音を聞いた時点でその場所で停止し、聞こえた方向を指さします（図2-5）。

⑨ 3人以上の隊員が停止したとき、各隊員の指さした方向の接点の周辺が要救助者発見の可能性の高い場所と考えられます。反応地点に対して、円を小さくしながら呼び掛けていくことで反応地点を特定することができます。

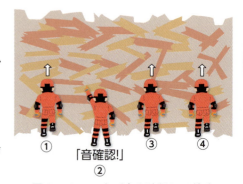

図2-3　1人が音を確認して停止

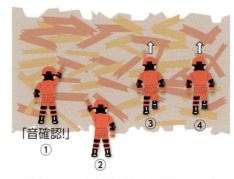

図2-4　2人目が音を確認して停止

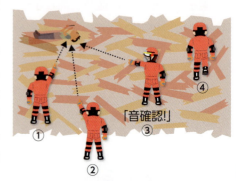

図2-5　3人目が音を確認して停止（要救助者の位置を推測）

| | 警笛による合図の一例 |
|---|---|
| ━ ━ ━ | ・避難（単音3回、各1秒ずつ。全員が脱出するまで繰り返す。） |
| ━━━━ | ・活動停止（サイレントタイム）（長音1回、3秒間） |
| ━━━ ━ | ・活動再開（長音1回3秒間＋単音1回1秒間） |

## ❷ テクニカルサーチ

　瓦礫の下の要救助者が、意識をなくしていたり、声を出せない状況であったり、音が聞こえないぐらい深部に閉じ込められている場合、人間の五感による捜索では限界があります。

　その場合、特別な捜索資器材を使用しての技術的な捜索（テクニカルサーチ）をすることになります。

　資器材を使用することで、人間の五感では感じることのできない要救助者の小さな声や僅かな動き、振動等を発見できる可能性が上がります。

⑴　**画像探索機**

　倒壊した建物等において、人が入れないくらい狭い場所であったり、ガス漏れ、漏電等の危険により、内部に進入して直接確認できない場合において、隙間から差し込み内部状況の確認や要救助者の捜索をする資器材です。

① 　**画像探索機Ⅰ型**

　　チューブの先端にCCDカメラ又は光ファイバーが設置されており、倒壊建物等の隙間に差し込み内部の映像・音声をサーチすることができる、軟性蛇管式の探索機です。

　　また、ガス検知器を接続することで、先端部付近の酸素濃度やその他のガスの分析、先端部への新鮮な空気の送気をすることも可能です。

② 　**画像探索機Ⅱ型**

　　硬性伸縮棒の先端にCCDカメラが設置されており、倒壊建物等の隙間に差し込み内部の映像・音声をサーチすることができる探索機又は光ファイバーを使用し、内部の映像・音声をサーチすることができる軟性蛇管式の探索機です。

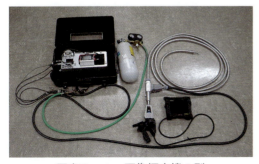

写真2－1　画像探索機Ⅰ型

写真2－2　画像探索機Ⅱ型

### (2) 地中音響探知機

振動センサーにより、見えない場所にいる要救助者が出す微弱な振動や声を探知し、コントローラーにレベルを表示するとともに、ヘッドホンに出力することができます。探知した信号の強弱により、要救助者がいると思われる場所を絞り込むことができます。

また、音響センサーを併用することで、小さな音を拾うことも可能であり、マイクによる相互通話をすることもできます。

写真2−3　地中音響探知機

### (3) 熱画像直視装置

暗闇や煙、粉塵が充満している中など、視界の悪い環境下において、要救助者や物体の出す赤外線を可視画像に変換することができる機器です。物質の温度に応じて画像を表示するため、暗闇にいても周囲との温度差によってはっきりと要救助者を色で見分けることができます。

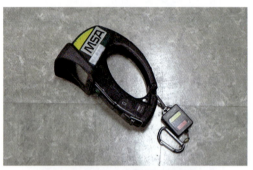

写真2−4　熱画像直視装置

### (4) 夜間用暗視装置

星明かりや月明かり、若しくは赤外線等の周囲の僅かな光を集め、増幅することにより暗闇を目視可能とし、暗闇にいる要救助者を効果的に捜索することができます。

写真2−5　夜間用暗視装置

### (5) 電磁波探査装置

倒壊した建物や瓦礫の下で、身動きが取れなくなっている要救助者の呼吸による胸部の動きを電磁波で検知することができる装置で、意識のない要救助者も探すことができます。

要救助者の位置をモニター上の位置座標に表示できる上、複数の要救助者を探査することも可能です。

また、雪崩、土砂崩れにより雪の中や泥の中などに埋まり、振動が伝わりづらい現場においても使用が可能です。

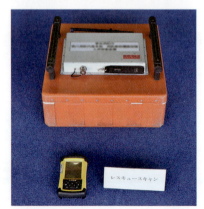

写真2−6　電磁波探査装置

(6) 二酸化炭素探査装置

倒壊した建物や瓦礫の下で、閉じ込められている要救助者の呼吸から排出される二酸化炭素（$CO_2$）及び排泄物や腐敗臭からのアンモニア（$NH_3$）を検出することで、要救助者の捜索を補助する装置です。

写真2-7　二酸化炭素探査装置

《地中音響探知機の使用方法（例）》
① 捜索する区画に6つの振動センサーを配置する。
② 全ての振動センサーをONにし、振動を探知する。

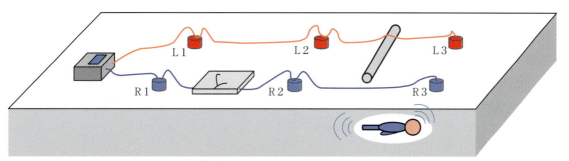

図2-6　横から見たイメージ

③ センサーが探知する信号のレベルを比較し、要救助者の位置を推測する。
　（例）　黄色の矢印が太いほど信号レベルが大きい。
④ 推測した周囲へ近づき、音響センサーで更に詳細な場所を絞り込んでいく。
※地中音響探知機には感度を切り替えることや、探知音に帯域フィルターを掛けることができる機種もあります。
　帯域フィルターを掛けることで、災害現場で発生している、探知したくない帯域を除外し、それ以外の音を探知することが可能です。

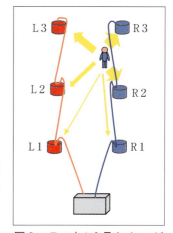

図2-7　上から見たイメージ

# ❸ マーキング

マーキングにはベーシックガイド「第2章　初期活動と安全管理」（P. 12〜17）で紹介した、「傾きマーカー」や「危険箇所のマーキング」等の情報を共有するためのマーキングが多種ありますが、ここでは建物の危険情報、捜索及び救助活動の状況を表示するための活動状況マーキングについて説明します（平成26年4月22日付消防参第67号・消防地第18号別添「構造物に対する活動標示実施要領」を参照。）。

活動状況マーキングは方法を統一することにより、現場において情報収集した内容や活動結果を、連携して活動を実施する消防本部やその他の関係機関と共有することを可能とするものです。

表2-1　活動状況マーキングへの記載事項

| 区　分 | 記　載　事　項 |
|---|---|
| 基本事項 | ・救助隊名　　・活動開始日時　　・進入の可否　　・危険情報<br>・行方不明者（要救助者）数　　・（生存）救出者数　　・遺体収容数 |
| 追加事項 | ・活動の終了　　・活動終了日時　　・全行方不明者（要救助者）の救出の完了 |

## 《手順1　現場到着時から活動開始までのマーキング》

① **正方形**

活動現場到着時、建物の出入口や開口部のほか、目に付きやすい場所に1m四方（目安）の正方形を記載する。

② **県名（国名）・活動隊名**

活動隊の名称を入れる。

国内での出動時においては県名を（国外への出動時においては国名を）入れた方が判別しやすい。

漢字が読みにくい場合は平仮名やカタカナで記載する。

③ **活動開始日時（年は西暦、時間は24時間表記）**

2019年12月2日8時30分⇒20191202T0830

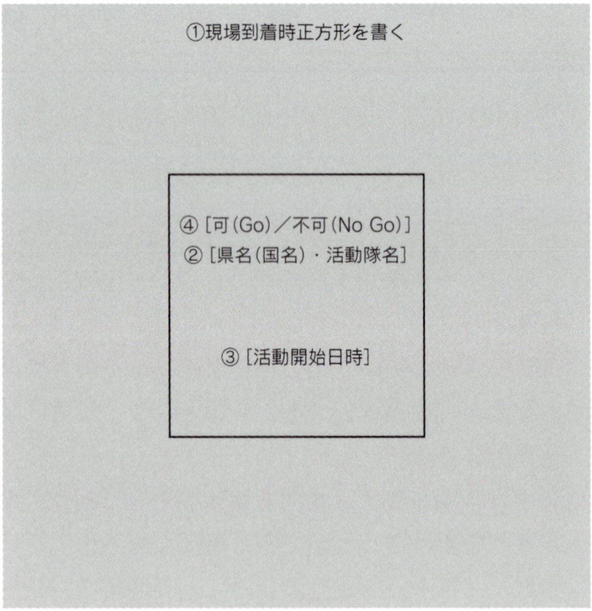

④ **可（Go）／不可（No Go）**

建物の安全確認を実施し、進入可であれば「可（Go）」、危険等により活動が不可能であれば「不可（No Go）」を入れる。

①現場到着時正方形を書く

④ ［可(Go)／不可(No Go)］
② ［県名(国名)・活動隊名］

③ ［活動開始日時］

図2-8　活動開始時のマーキング

《手順2　現場活動中のマーキング》

⑤　**危険情報**

　　活動に支障を及ぼす危険情報等を記載する。

　（例）　ガス漏れ、漏電、酸欠、二次崩壊等

⑥　**行方不明者（要救助者）数**

　　情報収集により把握した行方不明者（要救助者）数を記載する。正確な情報を得られず、不確定な場合は数字とともに「？」を記載する。

⑦　**（生存）救出者数**

　　救出した要救助者のうち、下記⑧に該当しない要救助者数を記載する。

⑧　**遺体収容数**

　　救出した時点において、社会死状態又は医師により死亡と診断された要救助者数を記載する。

※上記⑥⑦⑧について、活動中に情報が入り人数が変われば二重線で消し、訂正する。

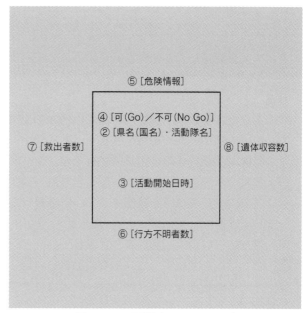

図2－9　活動中のマーキング

《手順3　活動終了から現場引揚げ》

⑨　**活動終了日時**

　　活動が終了すれば、活動終了日時を記載する。

⑩　**円（活動終了）**

　　活動を終了し撤収する場合は、記載した内容を囲む円を描く。

※行方不明者の総数が不明のまま撤収する場合や、要救助者が確認されているが自隊では救出できないまま撤収する場合にも、活動終了を示す円を描く。

⑪　**水平線（全ての行方不明者（要救助者）の救出完了）**

　　全ての行方不明者（要救助者）が救出され、その現場での捜索救助活動を完了した場合には水平線を引く。

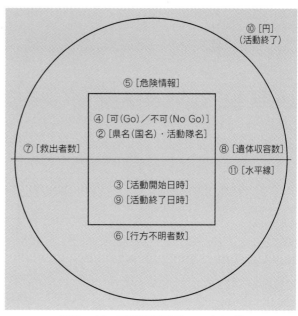

図2－10　活動完了時のマーキング

## 練習問題〈トレーニング〉

下記状況を想定して、マーキングを実施してみましょう。

**状況**
① あなたは緊急消防援助隊として、他県の災害現場に派遣されました。
② 受援本部から現場を指示され、活動を開始しました。
時間は2018年6月3日13時10分です。
③ 建物の状況を評価すると、安定しており進入活動は可能です。
④ その他の危険情報を確認させていた隊員から「ガス臭がしており、ガス漏れのおそれがあります。」という報告が入りました。
⑤ 建物内には6人の居住者が生活していたという情報が入りましたが、不確定です。
⑥ 救助活動を実施中、3人の要救助者を救出しましたが、1人は社会死状態でした。
⑦ 救出した居住者から、発災時、2人は外出中であり建物内には4人でいたとの確定情報を得ました。
⑧ 更に活動を継続し、1人を救出しました。
⑨ 全員の救出完了を確認しました。時間は2018年6月3日17時20分です。

書けましたか？
それでは答え合わせをしましょう。

図2-11 練習問題解答

ペンキ等で構造物に直接マーキングできない場合の表示方法の一例として、耐水紙等に記載し貼り付ける方法なども考えられます。また、耐水紙に薄く記載事項をあらかじめ印刷しておくと、記載漏れ等がなく便利です。

## マメ知識　災害時のメディカルコントロール

県立広島病院　救命救急センター長
山野上　敬夫

【広島土砂災害と救急救命士による静脈路確保】

　平成26年8月20日に広島土砂災害が発生しました。107箇所の土石流と59箇所の崖崩れが同時多発的に発生し、死者77人、救急搬送を必要とした負傷者48人を出す大きな災害となりました。新たな特定行為である「救急救命士による心肺機能停止前の重度傷病者に対する静脈路確保と輸液」が認められて半年後の発災でした。

　この災害では、48例の救急搬送傷病者のうち8例が、土石・瓦礫の下で長時間の挟圧状態に陥りました。そのうちの5例に対して、救急救命士が具体的指示を得て静脈路確保を試み、4例で成功しました。静脈路確保を試みた5例のうち3例が挟圧状態下にあり、そのうち2例で静脈路確保に成功しました。挟圧状態からの救助後に試みた2例に対しては、2例とも成功しました。救急救命士が静脈路確保を試みなかった3例の理由は、「うっ血なし断念」「必要なしと判断」「DMATを待つ」でした。いずれの症例も、挟圧状態下又は救助後のどちらのタイミングにおいても静脈路確保の試みはなされませんでした。救急救命士による静脈路確保は受傷から4時間から7時間の間に実施され、輸液が開始されました。

【代表的症例】

50歳代　女性

覚知：午前4時25分　救急隊現場到着6時30分
　　　4名挟圧状態の現場　該当患者への接触は9時過ぎ。

救急隊現着時所見：
　意識レベルJCS20、呼吸は浅く速い、橈骨動脈を弱く触知、腰部以下を挟まれた状態。

判断：ショック及び圧挫症候群の可能性あり。

特定行為の実施：
　10時10分　具体的指示を取得。
　10時48分　静脈路確保の後、輸液を開始。

DMAT現場到着：11時20分

　○救出までの4時間にわたり、消防とDMATが連携して治療を継続。
　○総輸液量は、救急隊により1,000ml、DMATにより2,500ml。

生存救出完了：15時25分

診断：圧挫症候群、左下腿コンパートメント症候群

転帰：第99病日に軽快転院

写真2-8　広島土砂災害における救助現場での医療（DMAT、救急隊、救助隊の連携）

【心肺機能停止前の重度傷病者に対する静脈路確保に係る具体的指示】

　心肺機能停止前の重度傷病者に対する静脈路確保の具体的指示は、5例のうち4例では日常のメディカルコントロール（以下「MC」という。）体制にのっとった方法により救命救急センター医師から取得され、1例ではDMAT活動拠点本部長を務めていた救急医から取得されました。指示は全て通常どおり携帯電話を用いて取得され、電波不良による指示取得不能例は本災害

ではありませんでした。また、被災地域が広島市内に限定されていたため、圏域や県を越えたプロトコルや指示体制の差異の問題は生じませんでした。

**【災害時のMC　総務省消防庁による整理】**（平成29年3月30日）
**電波不良について**
　前提条件を満たせば、医師の具体的指示以前に特定行為を行い得る（消防救第48号）。
**県境を越えての指示体制**
　救急救命士が他県において活動する場合、被災地内のMC体制が確立するまでは派遣元地域の救急活動プロトコルを活用し、派遣元地域のMC協議会に所属する医師の具体的指示により活動する（消防救第47号）。
　平成29年7月に発生した九州北部豪雨に際して被災地に出動した広島市消防局の救急隊5隊も、派遣元地域の救命救急センターとの間に、事例があった場合はこの通知に従って特定行為の取得を行うことを申し合わせた後に出発しました。

**【プロトコルの改訂】**
　広島圏域MC協議会では、平成29年8月1日にプロトコルを改訂しました。従来の「心肺停止」、「外傷」、「アナフィラキシー」、「ショック・低血糖」に加えて、第5章に「オンラインMCが困難な状況におけるプロトコル」、第6章に「応援救急隊が用いる救急活動プロトコル及び特定行為に関する指示要請におけるプロトコル」を章立てしたものです。
　電波障害などによりオンライン指示が取得できない場合、プロトコルに従って特定行為を実施するのですが、それは通信可能となった時点で速やかにオンラインMC医師に報告すること、記録を残すこと、事後検証を受けることが条件です。前述の総務省消防庁の通知（消防救第48号）に基づいています。
　圏域を越えて活動する場合もまた前述の総務省消防庁の通知（消防救第47号）に基づいて、受援側の体制が確立されて指示が下りるまでは、派遣元の体制に基づき、派遣元の医療機関に指示要請を行い、派遣元で事後検証を受けるというプロトコルとしました。

**【教育・研修・訓練】**
　MCのPDCAサイクルの一角をなす教育・研修・訓練についての課題は何でしょうか？　広島土砂災害の後、救急救命士から「自分たちには挟圧状態の傷病者に対する医療の訓練の経験がない」との意見が提示されました。
　かつてDMAT医師が狭隘空間で医療を行うことを目指していた時代に、医師と救助隊との連携に重点を置いたCSM（Confined Space Medicine）の訓練が行われていました。しかしその後、実災害において医師によるCSMは行われない方向性となり、このような訓練はなくなりました。
　一方で、狭隘空間での救助訓練（CSR：Confined Space Rescue）が多く実施されるようになりました。主として救助隊をプレーヤーとして、救助隊による傷病者の評価、処置、救急隊との連携などのトレーニングが含まれています。しかし救急救命士の参加は少なく、参加した場合も、挟圧状態下の医療を展示し、救助隊との連携の役割を確認することに焦点が当てられていて、救急救命士自身がプレーヤーとして訓練を受ける企画は少ないようです。
　今後は、狭隘空間での救助訓練と並行して、救急救命士を対象とした、「医療」自体の訓練の企画・実施が検討課題の一つとなるでしょう。

## 2 捜索災害救助犬

　捜索救助犬といっても、環境や地域によって、エアーセントドッグ（平地・山野・瓦礫・雪崩での捜索犬）、トレーリングドッグ（臭跡追跡の捜索犬）、トラッキングドッグ（足跡追跡の捜索犬）、カダバードッグ（遺体捜索犬）などがいます。災害現場で活用できるのはエアーセントドッグです。

　そして、災害現場で捜索活動を行う捜索救助犬が捜索災害救助犬です。諸外国では、Search and rescue dog（捜索救助犬）といわれていますが、日本では省略され、一般的には災害救助犬といわれています（本書では、世界的に捜索救助犬という名称が標準となっていることと日本で一般的に災害救助犬といわれていることを考慮し、捜索災害救助犬という表記で統一します。）。

写真2－9　捜索中の捜索災害救助犬

### 1 捜索災害救助犬とは

　捜索災害救助犬は、地震や台風、土砂崩れ等の災害によって倒壊した家屋や土砂、山野での行方不明になった人を優れた嗅覚で、大気中に浮遊する生存者の呼気やラフト（人間の皮膚から剥がれ落ちた細胞に空気中のバクテリアが反応して発生する特有のにおい）を察知し、ボディーランゲージやバークアラート（吠える動作）等でハンドラー（指導手）に知らせ、救助隊の人命救助を補助するように訓練されています。

　あくまでも生存者を探すように訓練されていますので遺体に対しては告知しません。ただし、特殊なケースとして考えられるのは、検索環境により異なりますが死後12時間以内でセントプール（呼気とラフトのにおいの溜り場）が存在する場合は、独特な反応を示す場合もあります。捜索災害救助犬は検索現場（エリア）に不特定の生存者がいる場合に、手掛かりとなる原臭を必要としなくても生存者の浮遊臭に反応し、場所を特定することができますが、検索活動の際には、地形・気温・湿度・風向きなどの現場環境に左右されます。

　犬の種類やにおいの種類によっても異なりますが、犬の嗅覚は人の1,000倍、状況によっては1,000万倍以上優れているといわれています。犬にはにおいで動物等を見つける狩猟本能があり、その本能を利用してトレーニングをすることで、犬の嗅覚を最大限に発揮した捜索ができるようになります。

　現在の日本では、多くの団体が捜索災害救助犬の活動を行っています。連携して活動する際には、活動方法や犬の特徴などがそれぞれの団体で異なるため、活動前にハンドラーの方々とよく話し合うことが重要です。

## ❷ 捜索災害救助犬による捜索

### (1) 捜索作業

　捜索災害救助犬の能力を最大限に発揮させるためには、1分でも早い投入が望まれます。捜索作業は、要救助者の存在が有力なポイントで救助隊が確認できない場所から作業を進めて、順次、結果を出していきます。ただし、捜索災害救助犬が捜索するに当たり、危険な場所を避けて捜索させなければなりません。そのため、現場の状況やハザード（ガラスや釘等の突起物、危険物の存在、ガス漏れの状況等）を把握しておく必要があります。さらに、捜索災害救助犬チーム内で情報を共有し、作業の分担を行うためにも救助隊からの情報提供や連携サポートは必要です。ハンドラーは、告知に至らずとも作業する犬の行動（様子）をつぶさに観察し、作業エリアにおける状況（要救助者の存在の可能性等）を本部に報告していきます。
※救助隊が立ち入れない危険エリアには捜索災害救助犬を投入することはしません。

写真2-10　現場指揮本部前に集結した捜索災害救助犬チーム

### (2) 捜索方法と注意事項

　捜索エリアの状況により、複数の捜索災害救助犬（捜索災害救助犬とハンドラーは必ずペアで行動します。）による同時捜索や狭いエリアでの交代捜索など捜索の手法も異なります。常にパウダーを携帯し風向きを確認しながら作業を進めます。生活臭、残留臭、救助隊のにおいなど迷わせるにおいは常にあり、確実に答えを出していくには複数頭による確認が必要です。
　捜索は見つけ出すだけでなく、いないというゼロ回答も必要になり、困難を極めます。ハンドラーは、犬の反応を見ながら効果的なエリアで捜索ができるように補完もします。周りで活動を見守る際の救助隊は、風上側に立たずに捜索活動を見守ることが重要です。捜索中に犬が救助隊

の方へ移動していくことはよくあります。その場合は犬と目を合わせたり、触ったり、声を掛けるような対応はせず無視してもらいます。

## (3) 発見時の告知動作

捜索現場により要救助者を感知したときの犬の告知動作や反応、行動にも違いが表れます。瓦礫の中の要救助者からは浮遊臭のみが放出されますので、その浮遊臭を特定し、スクラッチ（ガリガリと掘る動作）やバークアラートでハンドラーに知らせます。
※要救助者にたどり着いても要救助者が動いたり会話ができたりした場合は、アラート等で告知をしない場合があります。

## (4) チーム、サポーターによる報告

ハンドラーは、捜索災害救助犬と共に要救助者の存在する可能性がある場所を確認し、捜索現場ごとに捜索災害救助犬のかすかなボディーランゲージやバークアラートで要救助者の場所を特定し、チームリーダーが捜索災害救助犬本部及び消防機関（指揮隊等）へ報告します。過去の災害で多くの捜索災害救助犬が出動していますが、実際の災害現場で要救助者の発見に至るケースはまれなのです。これは世界的に見ても同様で、「捜索災害救助犬であればすぐに発見できる」ということにはならないのです。行方不明者がいる広い現場の中で、その可能性を求めて捜索災害救助犬の行動反応に対応することで救助隊は疲弊するでしょう。しかし、繰り返しになりますが要救助者を発見できるケースはまれなのです。このような連携活動では、捜索災害救助犬に対する理解、信頼が重要な前提条件となります。そのためには、平時からの連携訓練がとても重要なのです。

---

### MEMO ▶ 捜索災害救助犬と連携する際のチェック項目

① いち早い捜索災害救助犬の投入を考慮する。
② 時間的な捜索計画を捜索災害救助犬チームと協議する。
③ 活動場所のハザードをよく調べ、ハンドラーに伝え、捜索災害救助犬を外傷から守る。
④ 捜索災害救助犬が寄ってきても無視をする（なでたり、声を掛けたりしない）。
⑤ 捜索災害救助犬が捜索中は大きな音をたてない。
⑥ 捜索災害救助犬の捜索結果は完全なものではないので、その他の情報を含む総合判断で活動を決定する。

## 捜索災害救助犬チームのチェック項目

### ■現場での要チェック項目

▶派遣要請先
▶部隊名称
▶現場責任者（証明）

▶人数（ハンドラー、サポーター他）

▶頭数（認定資格有無、認定先等）

▶チーム編成（本部機能、現場体制等）

▶装備（無線、宿泊、非常食、PPE）

▶安全管理者（人数、体制）

▶保険（種類）

▶連絡手段、連絡先

▶本部、待機場所

▶活動期間

▶作業分野、連携方法

## ❸ 捜索災害救助犬の認定

　捜索災害救助犬の認定資格については、現状では認定資格基準は世界的にも日本国内でも統一されておらず、それぞれの国や団体ごとの認定資格となっています。そのため、保有資格などで危険な災害現場での活動の可否を判断することは困難です。災害現場の安全管理を行うプロとして消防側が「連携する捜索災害救助犬チームがどこまで活動できるのか」を見極めなければなりません。捜索災害救助犬に関わる団体の組織の大小にかかわらず、連携訓練を行い、その活動能力について冷静な見極めが重要です。

## ❹ 捜索災害救助犬のハンドラーについて

　ハンドラーとは、簡単にいうとハンドリングする人、つまり、犬にうまく指示を出し、思いどおりに操ることができる人という意味です。ハンドラーと捜索災害救助犬の関係で必要不可欠なことは、ハンドラーが出した捜索指示などに対し、捜索災害救助犬が確実に応える（従う）ことができるかということです。さらに、ハンドラーは捜索災害救助犬のかすかな反応や行動を読み取り、要救助者の場所を特定する役割を担います。

　よって、ハンドラーは捜索災害救助犬に指示を出すだけではなく、捜索災害救助犬と共に動き、熟達した判断ができる能力を身に付けなければなりません。また、ハンドラーは少しくらい離れていても、捜索災害救助犬を遠隔で操作することができなければなりません。さらに、安全管理のための個人防護装備（PPE）を整え、消防機関と同等の個人装備を身に着けます。

　民間の捜索災害救助犬団体で、災害時に捜索救助活動が円滑かつ迅速に行えるように市町村や都道府県、消防などと出動協定を締結している団体もあります。

2 捜索災害救助犬　35

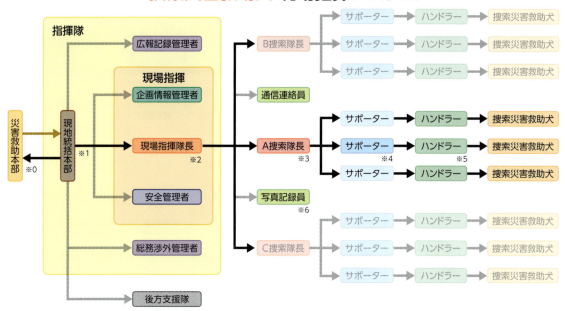

※0　現地救助本部からの指示に基づき、災害救助犬チームは上記の編成で対応する。
※1　本部並びに現場指揮系統は堅持する。ミニマム編成時は本部兼現場指揮隊長として救助隊との調整を行う。
※2　現場指揮隊長はミニマム編成においても必須で本部並びに捜索隊長を兼務して作業に当たる。
※3　捜索隊長は複数のチーム編成時に設置する。（ミニマムチーム編成は3頭5名）
※4　サポーターはチームに最低1名確保（状況により増減）
※5　ハンドラーの単独行動は行わない。
※6　場所、状況により連絡員、記録員は増減

図2－12　捜索災害救助犬現場指揮システムにおけるハンドラーの役割

## 5　体制、現場指揮システム

　民間ボランティアゆえに常時待機状態ではないのが弱点です。しかし、最小単位ながら、優先的に非常時に対応できる体制を敷いている団体もあります。

　捜索災害救助犬チームとして編成する最小単位は、チームリーダーの他、捜索災害救助犬3頭、ハンドラー3人、それぞれの捜索災害救助犬の行動を客観的に観察分析するサポーター（安全管理者）1～2人で3頭5人以上となります。サポーターが常時帯同し、ハンドラーは捜索災害救助犬の行動コントロールに集中します。

　チームの統括責任者は、現地対策本部からの指示を受け行動します。前述した最小単位以上の編成ができる場合は、複数のチームを編成し、交代若しくは同時並行的に複数の現場に対応します。捜索災害救助犬チーム単独で行動することもあるかもしれませんが、情報は現地本部に一元化し集約することが原則です。

　また、捜索災害救助犬の立ち位置として目指すところは、スイスレスキューチェーン（図2－13）として掲げられているものを参考に、日本におけるサーチ＆レスキュー

図2－13　スイスレスキューチェーン

のチェーンの一つとして捜索災害救助犬が加わることです。一方、複数の捜索災害救助犬組織の管理は捜索災害救助犬側が行い、現場では一本化することが求められています。2018年現在、群馬県において捜索災害救助犬を含む、現場指揮支援システムを一本化するモデルを作ることを目指しています。今後の整備、運用に期待が寄せられています。

図2−14　現場指揮支援システムを一本化した群馬県モデル

## ❻ 災害現場における連携

　捜索災害救助犬団体が災害現場に出向した際には、捜索災害救助犬責任者は現場指揮本部へ到着報告を行い、現地本部を設置します。救助隊等と現場の状況、危険区域及び危険物、要救助者の情報や捜索場所等を確認し共有します。

　活動方針を決定後、救助隊等が活動場所を示し、捜索災害救助犬チームと連携を密に行い、安全管理などに十分配慮します。捜索現場に入る捜索災害救助犬現場活動隊は、捜索災害救助犬1頭に対して、ハンドラー1人、サポーター（安全管理）1人の2人1頭で活動を行います。消防側から隊員1人が帯同することができれば、より効率的な連携が行えるようになります。

2 捜索災害救助犬　37

図2-15　災害現場における連携イメージ

　活動経過は、常に現場指揮本部へ報告し、救助隊と情報を共有します。このような情報共有には無線を活用することとなりますが、別周波数では交信ができないので、スムーズな情報共有を目的に捜索災害救助犬チームの本部を消防機関の本部の近くに併設します。

　平時の連携訓練において、犬の捜索作業だけに特化した訓練だけを行うのでは、現場で効率的に機能することは困難です。いま何をしているのか、どこにいるのかなど、リアルタイムな活動を消防側が把握するためにも捜索以外の連携訓練も重要です。

　このように捜索災害救助犬と救助隊、更には救助活動に関わる様々な組織が災害現場で連携活動を迅速かつスムーズに行い、互いに信頼し役割を果たすことにより、救命率の向上に大きな期待ができます。

写真2-11　実災害現場での活動の様子

### ～ハンドラーの方からの手紙～

（定期的に消防隊と訓練を行っている捜索災害救助犬のハンドラーの方です。）

#### ハンドラー　相良 順子さん　「多くの皆さんに伝えたいこと」

　私たちは自然の破壊力の強大さを、東日本大震災や阪神・淡路大震災でまざまざと知らされたのですが、以降も各地で想定外の規模の大地震や台風などの自然の脅威にさらされています。

　災害時に建物や瓦礫、土砂に埋まった方々を発見するのは時間との闘いであり、生存の確率は時間とともに下がります。もし、地域に密着し活躍できる犬がいるとしたら、災害時にもっと多くの方々の貴重な命を救えるかもしれません。また近年は、自らの生活を自らの手で守る地域防犯としての取組みが必要になっていることから、自然災害時における活動に加え、増加傾向にあるひったくり・空き巣・子供たちを狙った犯罪に対しても捜索災害救助犬の活躍する場があるのではないかと感じています。そして、何より大切なのは地域をはじめ、皆さんとの連携、心と心が通うあいさつや声掛け運動との相乗効果により防犯意識が高まり犯罪への抑止効果も期待できると思います。どこかで救助犬を目指している犬を見掛けたら、どうぞ声を掛けてください。そして、私たちの活動に賛同する人の輪が広がっていくことを願っています。私たちは皆さんのそばにいます。今日も訓練を続けています。

写真2－12　全国救護活動研究会の訓練に長年参加しているミモザとステファン

〈資料提供〉

・災害救助犬ネットワーク

# 第3章 倒壊建物対応

## 1 倒壊建物の危険判断とショアリング

　震災時には、座屈した耐火建物や倒壊した木造家屋等に多数の要救助者が発生することが予想されます。こうした現場における救出・救助活動では、建物倒壊危険や重量物の落下危険など、多くの危険が存在しています。それらの危険要因を確実に把握し、隊員及び要救助者の「安全」を最優先に確立しなければなりません。しかし、100％の安全の確立は困難であり、さらには震災時特有の危険要因を理解していなければ危険要因を発見することも困難です。

　第3章では、危険要因の中から危険度の高い倒壊建物対応について説明します。

　この倒壊建物対応には、建物の応急処置的補強技術や木材を活用した重量物安定化技術等があります。これらの技術を最適に選定するには、建物の構造等について理解しておくことが重要です。

　この章では、構造物の専門家であり、外科医的建築家の今川憲英氏に建物の応急処置的補強の際に必要な「建物の骨格」や「木造の空間の骨格」等の基本構造と、事例を通して倒壊危険のある建物の危険度、重量目測、応急処置的補強の設置位置などについて具体的に解説していただき、倒壊建物と建物の応急処置的補強について学びます。

　また、倒壊建物の状況によっては、適切な応急処置的補強が困難な場合もあることから設置角度等が耐荷重に及ぼす影響について、豊橋技術科学大学の足立忠晴氏に紹介していただきます。

　ここで倒壊建物対応、つまり、ショアリング（建物の応急処置的補強）を学ぶ際の注意点について説明します。ショアリングの重要性について学ぶと「倒壊建物や倒壊しそうな建物には迅速にショアリングを実施しなければならない。」と理解し、全ての建物にショアリングが必要なイメージになってしまう場合があります。しかし、この理解は50点です。震災時に全ての建物にショアリングを実施していたら、救助活動が遅れるどころか開始不能になってしまいます。この章では、倒壊建物の危険性を学び理解するのと同時に安全性についても理解することが目的です。震災現場ではマンパワーが不足し、ショアリングのための資器材も不足する可能性があるので安全性を適切に判断し、早期に対応できる現場を判断することも重要になります。それでは、具体的に建物の構造とショアリングについて説明しましょう。

## 1 ショアリング（建物の応急処置的補強）を知る

### (1) ショアリングとは

「地震などの災害により、ダメージを受けている建物が二次的に崩壊するのを抑制するために建物の構造を補強すること。」

地震等の災害時に建物等が崩壊、若しくは不安定な状態になっている場合、常に余震の影響や自重等で更なる崩壊が起こる可能性があります。つまり、内部に取り残されている要救助者や建物内部に進入して救助活動を行う隊員は、二次災害の危険にさらされています。このような環境下において、二次災害の危険を未然に防止するために、被災した建物等の内部や外部、さらに出入り口のドアや窓などの開口部等に木材や金属の支柱等を設定して、強固に安定させ、有効な進入・退避経路の確保を行うことをショアリング（Shoring：支柱）といいます。

### (2) ショアリングの種類

ショアリングは、建物等の被害の受け方により、応急処置的補強をする方向が異なり、縦方向のショアリングと横方向のショアリングに大別されます（図3－1）。さらに表3－1のような種類があります。

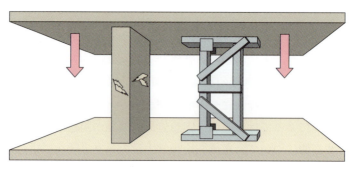

縦方向のショアリング

横方向のショアリング
図3－1　ショアリング

表3−1　ショアリングの種類

| 応急処置的補強の方向 | 種類 | 概要 |
|---|---|---|
| 縦方向 | ポスト ショア | 建物の天井部分に上階や屋根等の荷重が掛かり、崩壊等が発生しそうな場合に、建物内部の天井にショアリングを施して、建物の天井部分を支える。 |
| | ウィンドウ ショア／ドア ショア | 建物に設けてある窓又はドア等、建物内部への進入・退出路となり得る開口部が倒壊等による影響で負荷が掛かり、潰れたり閉ざされたりしないように、開口部位にショアリングを施して窓枠及びドアの枠を補強する。 |
| | スロープド フロア ショア | 建物の崩壊等により偶発的にできたVoid（狭隘空間）で、そのVoidが通路になったり、その下に要救助者がいる場合には、そのVoidの形に合わせてショアリングを施してVoidの倒壊を防止する。 |
| 横方向 | レイカー ショア | 建物の外壁が外方向へ倒れようとしていたり、建物全体が傾いて崩壊等しようとしている場合には、外部側面からショアリングを施して建物の外壁部分を支える。 |
| | ホリゾンタル ショア | 壁体と壁体の間に設定するショアリングで、片方の壁が強いときに使用する技術である。溝等にも使用できる。 |

## ❷ ショアリングの具体的な構造を知る

ショアリングの具体的な構造について、図で確認しましょう。

(1) ポスト ショア（縦方向の補強を行うために設置するショアリング）

　ポスト ショアには、図3−2の左側からTスポット ショア（"T" SPOT SHORE）、ダブルT ポスト ショア（DBL "T" POST SHORE）、2ポスト バーティカル ショア（TWO POST VERTICAL SHORE）、レースド ポスト ショア（LACED POST SHORE、2ポスト バーティカル ショアの並列つなぎ）などの種類があります。倒壊危険の度合いにより選定します。

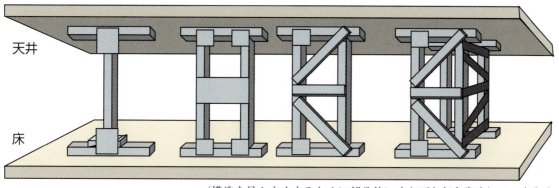

（構造を見やすくするために部分的にくさびなどを省略しています。）
図3−2　ポスト ショアの種類

(2) **レイカー ショア（横方向の補強を行うために設置するショアリング）**

　レイカー ショアには、図3-3の左側のフライング レイカー ショア（FLYING RAKER SHORE）、右側のフルトライアングル レイカー ショア（FULL TRIANGLE RAKER SHORE）などの種類があります。

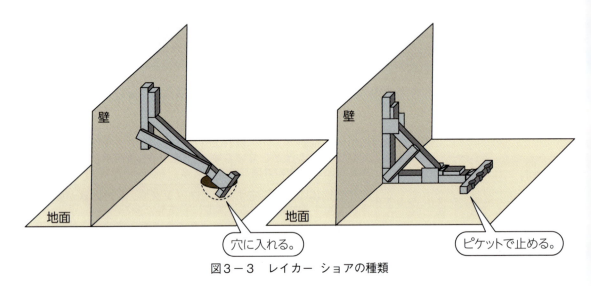

図3-3　レイカー ショアの種類

　ショアリングは、その他にウィンドウ（ドア）ショア、スロープド フロア ショア、ホリゾンタル ショアなどもあります。倒壊危険のある建物の状況に応じて、選定する必要があります。

1　倒壊建物の危険判断とショアリング　43

## マメ知識　くさびを活用し、固定材をフィットさせる

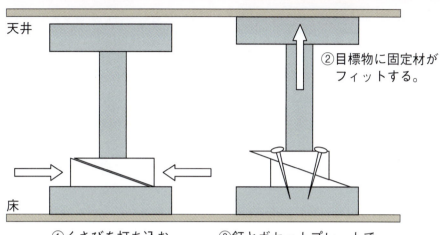

図3-4

## ガセットプレート（補強板）を活用し、固定材を接合する

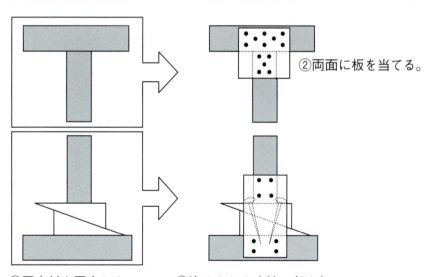

図3-5

※ガセットプレートは一般的に厚さ2cmの物であり、フルガセットとハーフガセットがあります。接合する部分に必要とされる強度により使い分けます。
　フルガセット　＝30cm×30cm
　ハーフガセット＝30cm×15cm

## ❸ 十人十色の建物の骨格を知る

　ショアリング（建物の応急処置的補強）を的確な位置に行うためには、まず対象の建物の骨格を知ることが重要です。人間の年齢や性格が十人十色であるように、建物も築年数や間取りが違えば、建物の骨格が違ってきます。

　ここでは、日本の木造建物のうち、我が国の伝統的手法で作られた建物を題材に、建物の骨格を知るポイントを紹介します。

①　まず、木造住宅の骨格を紹介します。ここでは仕上げのある状態と、骨格のみをそれぞれ立体図で表現し、建物の構成を知ることから始め、十人十色の建物の骨格に対して最初に確認するべきポイントを紹介します。

②　次に、実際に被害にあった建物の骨格を抜き出して、現場に到着してからショアリングを施すまでを説明します。

③　本章後半では、②で例に挙げた事例をもとにショアリングにかかる建物の重さを算出する方法について説明します。

### ⑴　木造建物の空間の骨格を知る

　現在、国内において建築されている木造住宅のうち、新耐震基準に適合していないものが約40％あると推定されており、大規模地震発生時には、こうした古い木造住宅の倒壊が特に懸念されています。

　主な木造建物の空間の骨格は大きく分けて次の2種類があります。

・我が国伝統の「在来軸組み構法」と呼ばれる、柱や梁などを「線的」に組み合わせて造られた骨格

・北米から輸入された「2×4（ツーバイフォー）」と呼ばれる、木材を枠に組んで「面的」に造られた骨格

　ここでは、築30年以上の古い建物に多い「在来軸組み構法」の骨格のポイントを説明します。

1　倒壊建物の危険判断とショアリング　45

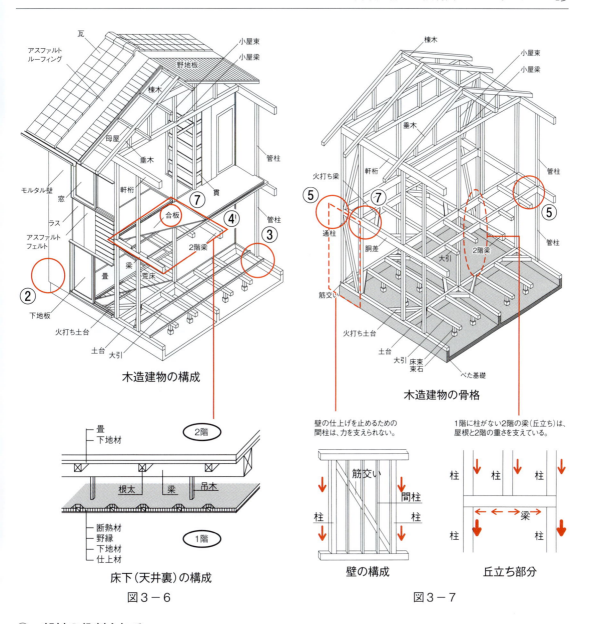

図3-6　木造建物の構成／床下(天井裏)の構成
図3-7　木造建物の骨格／壁の構成／丘立ち部分

① 部材の役割を知る

　柱と梁で造られる骨格は、柱と梁で基礎に建物の重さを伝えます。
　壁や筋交いは、柱と梁と共に水平力（地震や台風）に対して抵抗します。
　ショアリングを行う際は、柱と梁の位置を知ることから始めます。

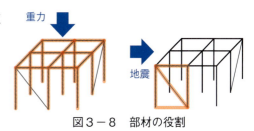

図3-8　部材の役割

## ② 柱の位置を知る

一般的な木造住宅の柱の位置は、尺貫法を基にした1間（約1.8m）を基準として配置されています。

内部に進入する前に、外部の仕上げを除去することで、柱の位置をあらかじめ知ることができます。

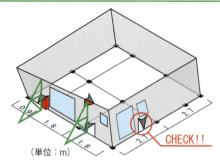

図3－9　ショアリングの設定位置

## ③ 素材の劣化を知る

木造の場合は主に、蟻害（シロアリ）と腐食（湿気）が挙げられます。

これらの被害を発見した場合は、1／3程度の強度になっていると捉えた方がよいです。

また、ダメージを受けた建物では、1階の柱が浮き上がっている可能性が高いです。

写真3－1　シロアリの被害を受けた柱の脚部

## ④ 力の流れる順序を知る

木造の床は、複数の部材で構成されていますが、最終的に梁から柱へと建物の重さを伝えています。

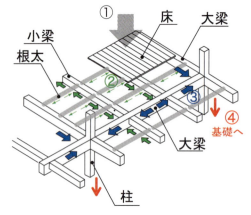

図3－10　力の流れ

## ⑤ 柱の種類を知る

2階建て以上の建物の柱には、1本の部材で使われている「通柱(とおしばしら)」と、2本の柱をつなぎ合わせた「管柱(くだばしら)」があります。

ダメージを受けた建物の管柱は、不安定な状態になっている可能性があります。

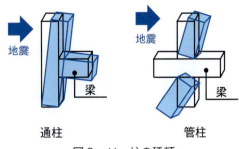

図3－11　柱の種類

## ⑥ 通柱と管柱へのショアリング

管柱は、横方向の力を支える筋交いや合板がないため急な変形を生じるので、1階と2階それぞれにショアリングが必要です。

通柱でも壊れている場合は管柱と同様にショアリングします。

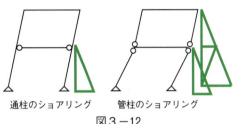

図3－12

## ⑦ 床の構成を知る

柱や壁と同じように、床と梁も極端な変形が生じるような不安定な状態になっていないかを知る必要があります。

火打ち梁や合板を用いていない床は、急な変形が生じる可能性があります。

火打ち梁も合板もない場合は補強した方がよいです。

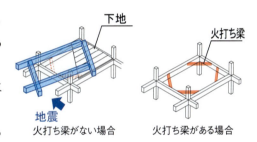

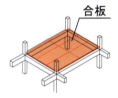

下地に合板を用いている場合

図3－13

## (2) 建物の外部で行うことを知る

被害を受けた建物の写真から骨格を想定し、外部からチェックするポイントを説明します。

写真3-2　震災で被害を受けた建物（外観）

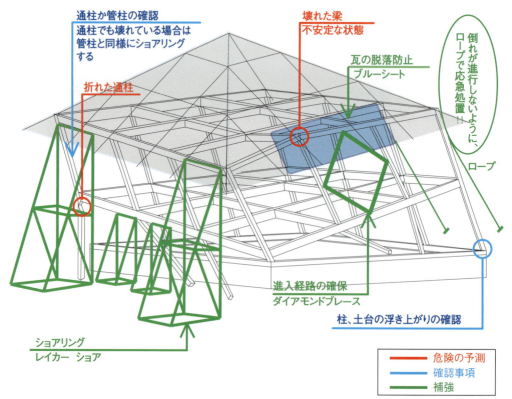

図3-14　写真3-2から想定した骨格図

(3) 建物の内部で行うことを知る

被害を受けた建物の写真から骨格を想定し、建物内でチェックするポイントを説明します。

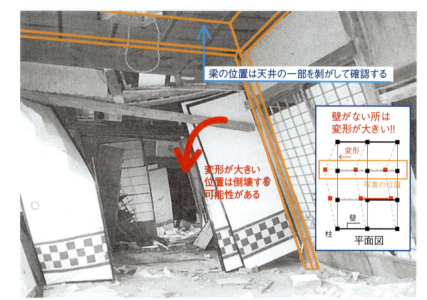

写真3－3　震災で被害を受けた建物（内観）（「建築技術」2000年10月号p.89より）

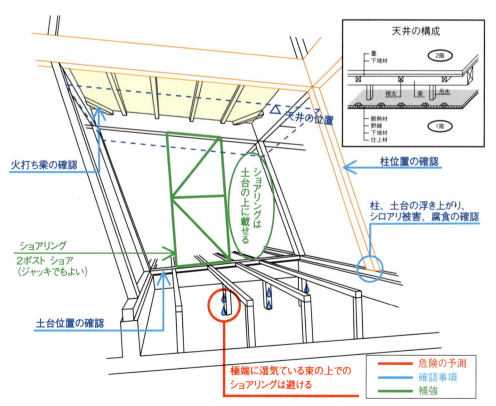

図3－15　写真3－3から想定した骨格図

## (4) ショアリングの設定方法

　ショアリングで使用される頻度が高く、様々なショアリングの基本となっている、2ポスト バーティカル ショアとフルトライアングル レイカー ショアについて設定方法を説明します（※ここで紹介するショアリングの設定方法は救助活動におけるシステムが充実している諸外国において、一般的に示されている内容です。ショアリングの基本的な考え方でもありますが、ショアリングにより100％の安全が保証されるものではありません。本項目では、ショアリングの実施が困難性の高いものではなく、単隊であっても十分に実施可能な安全確保技術であることを紹介するため、設定方法を掲載します。ショアリングの具体的な実施準備及び実施については、救助技術の高度化等検討会報告書などを参考に各本部で検討していただきたいと思います。）。

### ① 2ポスト バーティカル ショア

　支柱を2本使用した縦方向のショアリングです。支柱が1本のTスポット ショアに比べ、安定しています。さらに、斜めの筋交いを入れることで横方向の強度を増すことができます。2ポスト バーティカル ショアを平行に配置し、側面を水平板及び斜めの筋交いで補強することでレースド ポスト ショアを作製することができます。

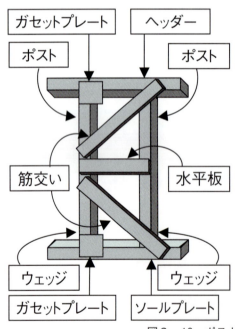

●高さの制限（4×4材使用の場合：角材の縦×横で数値はインチ）
　・ポスト全体の高さは365cmまで（ヘッダーとソールプレートの幅、くさびの高さを考慮し、ポストの長さを設定する。）
●ヘッダーとソールプレートはポストから30cm以上張り出す。
●ポストの間隔
　・最長120cm、最短90cm
●ポストの高さと耐荷重
　・高さ240cm…7,200kg
　・高さ300cm…4,500kg
　・高さ360cm…3,100kg

図3－16　ポスト ショアの各部名称

※筋交い：ダイアゴナルブレース、水平板：ホリゾンタルブレースといわれています。
※ウェッジは筋交いとフルガセットプレートに隠れています。
※ガセットプレートはTスポット ショアはフル、2ポスト バーティカル ショアはハーフでも可となります。

[設定手順]
1 計測
　床から天井（支えたい箇所）までの高さ（全高）を計測する（全高は365cmまで、レースドポスト ショアに使用する場合は490cmまで）。
2 材の切断
 (1) ヘッダー、ソールプレート、くさび（ウェッジ）の幅の合計を全高から差し引いた長さで2本のポストを作製する。
　※くさび（ウェッジ）は元になる材幅により高さが異なるので注意する。
 (2) ポストを取り付けた際に、両側が30cm以上張り出すようにヘッダーとソールプレートを作製する（ポスト間は最長120cm、最短90cm）。
3 材の接続（接続後の搬入が可能であれば安全な場所で実施する。）
 (1) ヘッダーとポストが90°になるように配置する。
 (2) ガセットプレート（バーティカルなのでフルでもハーフでも可）を片側は両面、筋交いを止める方は片面に設定し、釘止めをする（P.56を参照）。
 (3) 全高が180cmを超える場合は、ポストの真ん中に2×4の水平板（ブレース）を設定し、釘止めをする。
 (4) 上部筋交いを設定し、釘止めをする。

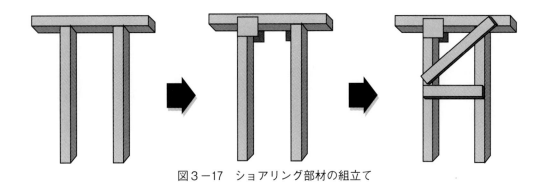

図3-17　ショアリング部材の組立て

4 ショアリングの設定
 (1) 荷重が2本のポストの中心にくるように組み立てた材を配置する。
 (2) ポストの下にソールプレートを差し込みくさび（ウェッジ）を打ち込む。水平及び垂直を水平器などにより確認し、安定させる。
 (3) ガセットプレート（バーティカルなのでフルでもハーフでも可）を3箇所に、及び下部筋交いを設定し、釘止めをする。
 (4) 可能であればショアリング自体を天井と床面に固定する。

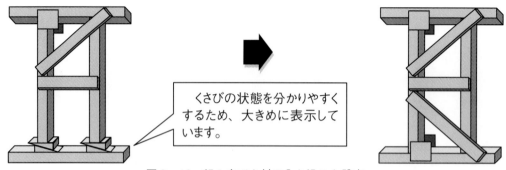

図3-18　組み立てた材の入れ込みと設定

② フルトライアングル レイカー ショア

　側面、つまり、横方向の力に対応するためのショアリングです。「つっかえ棒」を構造的に作製したものがレイカー ショアだといえます。「つっかえ棒」だけでは不安定であり、また強度が不明確です。「つっかえ棒」が倒れないように固定するのと同時にくさび（ウェッジ）を活用し、建物との密着性を高め、高い安定性を出しながら設定角度を明確にすることにより、耐力を把握することもできます。つまり安全確保のためには、「つっかえ棒」をレイカー ショアに発展させなければなりません。建物の外壁下部等が瓦礫で埋もれている場合には、フライング レイカー ショアなどの技術を活用して設定します。

- レイカー（つっかえ棒）は30°から60°の範囲であれば効果的に作用する（一般的に用いられる角度は45°と60°）。
- クリート（止め板）は45°レイカーは60cm、60°レイカーは75cm
- インサーションポイント（レイカーの先端が支える場所）は木造や防火造の建物の場合、梁（床や天井の接合場所）とその下60cm以内とする。
- レイカー ショアは複数作製し、筋交い及び水平板により結合し、安定化を図る。
- レイカーの長さ算出法
    - 45°レイカーはインサーションポイントまでの高さに「1.4」をかける。
    - 60°レイカーはインサーションポイントまでの高さに「1.15」をかける。
- ウォールプレートはインサーションポイントまでの高さにクリートの長さを合わせ、余裕を持って作製する。
- ソールプレートは45°レイカーではウォールプレートと同じ、60°レイカーではレイカーの長さの半分にクリート及びくさびの長さを足す。

1 倒壊建物の危険判断とショアリング 53

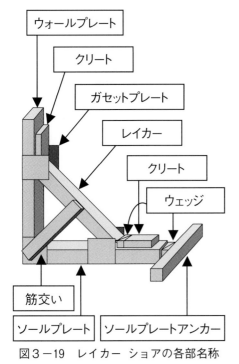

図3-19 レイカー ショアの各部名称

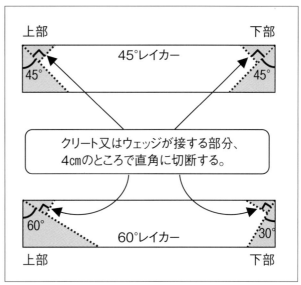

図3-20 レイカーの切断

[設定手順]
1 計測
　インサーションポイントまでの高さを計測する。
2 材の切断と設定
(1) 計測した高さに必要な長さを加えて、ウォールプレートとソールプレートを作製する。
　ウォールプレートとソールプレートは直角に合わせて設定し、フルガセットプレートで結合する（図3-21）。

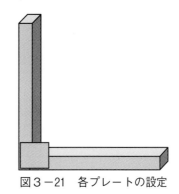

図3-21 各プレートの設定

(2) 45°又は60°のレイカーを設定する。ウォールプレートのクリート（止め板）を釘止めし、その両側面をフルガセットプレートで釘止めする（図3-22）。

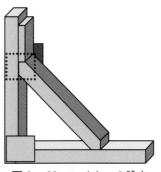

図3-22 レイカーの設定

(3) レイカーの下部、両側面にフルガセットプレートを釘止めする。このとき、レイカーにはまだ釘止めを行わない。レイカーが330cmを超える場合には、レイカーに筋交い（ミッドポイントブレース２×６）を設定する。このとき、レイカーにはまだ釘止めしない（図３-23）。

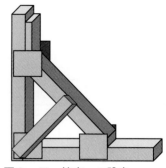

図３-23　筋交いの設定

(4) レイカー下部にレイカーとの隙間を３cm程度あけて、下部クリートを釘止めする。そして、くさび（ウェッジ）を打ち込み、レイカーを固定する（図３-24）。

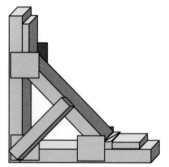

図３-24　レイカーの固定

(5) ４×４のソールプレートアンカーを設置し、ピケットを打ち込む。次にソールプレートとソールプレートアンカーの間にくさび（ウェッジ）を打ち込み、確実にシステムを安定化する（図３-25）。

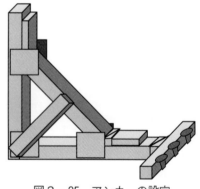

図３-25　アンカーの設定

3　複数レイカーの接続と仕上げ固定
(1) 同様の大きさのレイカー ショアを設定する（ショアの間隔は最大240cm）。
(2) インサーションポイントが240cmを超える場合は上、中、下の３箇所に水平板を設定する（①）。
(3) レイカー下部のくさび（ウェッジ）をしっかり締める（②）。
(4) レイカー下部のフルガセットプレートを釘止めする（②）。
(5) 筋交い（ミッドポイントブレース）の上部をレイカーに釘止めする（②）。
(6) 筋交い（Ｘブレーシング）を設定する（③）。

1 倒壊建物の危険判断とショアリング

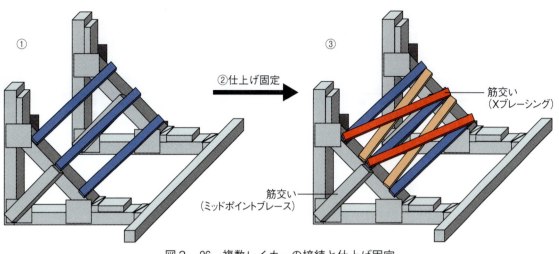

図3-26　複数レイカーの接続と仕上げ固定

## マメ知識　釘打ちパターン（強度を高くするため三角形が基本！）

〈クリート釘パターン〉

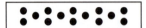
45°レイカー
90mm釘　14本
2×4　60cmクリート

60°レイカー
90mm釘　20本
2×4　75cmクリート

〈ガセット釘パターン〉※見えない部分を点線で示しています。

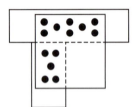
縦方向のショアリング
フルガセット　65mm釘13本

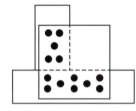

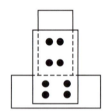
ハーフガセット
65mm釘8本

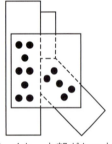
レイカー上部ガセット
65mm釘　13本

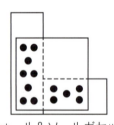
ウォール＆ソールガセット
65mm釘　13本

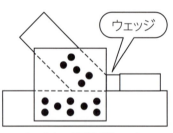
レイカー下部ガセット
65mm釘　13本

〈ブレース釘パターン〉

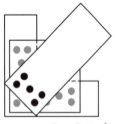
2×6のブレース（水平板、筋交い）
90mm釘　5本

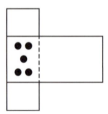

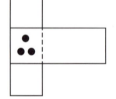
2×4のブレース
90mm釘　3本

図3－27

## (5) 様々なショアリングの部材紹介

建物の倒壊状況や救出活動時間等により木材を選択するのか、金属製品を選択するのかは重要な問題です。それぞれの部材がもつ長所、短所について理解し、最適な部材を選定してください。

表3-2　ショアリングに使用する部材の長所と短所

| 部材 | 長　　所 | 短　　所 |
|---|---|---|
| 木材 | ●状況に応じた設定が可能。<br>●設定した補強を回収しなくてよい。<br>●木材に危険な予兆がある場合、きしみ音を発する。 | ●保存状態が良い木材を大量に必要とする。<br>●設定に時間を要する。<br>●設定方法の習熟に時間を要する。<br>●長期間保管すると腐食する可能性があり、一定の強度保証は見込めない。<br>●木目や成長過程が違い、強度にばらつきがある。<br>●打った釘を引き抜いた場合、耐荷重が落ちるため、その木は使用できない。 |
| 救助用支柱器具 | ●設定が容易で早い。<br>●設定方法の習熟が早い。<br>●手入れをすれば長期保管が可能。 | ●高価なため、現場で使用しても回収する必要がある。<br>●部分的に木材を使用する。<br>●設定を解除する場合に、非常に危険を伴う。<br>●器具からは座屈する予兆を読み取りにくい。 |
| 単管パイプ | ●手入れをすれば長期保管が可能。ただし、耐用年数、保存方法により腐食等に留意する必要がある。<br>●規格製品を使用した場合、一定の品質のものが調達可能。<br>●釘を使用しないため、可動性がある。 | ●設定に時間を要する。<br>●設定方法の習熟に時間を要する。<br>●器具からは座屈する予兆を読み取りにくい（許容荷重を超えると予兆なく湾曲する。）。<br>●木材と比較すると強度が弱い。 |
| 金属製品（支保工システム） | ●設定が容易で早い。<br>●設定方法の習熟が早い。<br>●長期保存が可能。<br>●釘を使用しないため、可動性がある。<br>●少人数での設定が可能。<br>●レースド ポスト ショアを完成型とし、共通部材を使用することにより、Tポスト ショア、ダブルTポスト ショア、2ポスト ショア等の設定ができる。 | ●木材と比較すると強度が弱い。<br>●設定を解除する場合に代わりの設定をする必要がある。<br>●現場で使用しても回収する必要がある。 |

写真3-4　支保工システム設置例

## 2 建物の重さとショアリングに掛かる力

### ❶ 敵を知り己を知らば百戦危うからず

　①3では、「建物の骨格」と「現場に到着してからの確認するポイント」について説明しました。

　では、実際にショアリングを行うときに、どこにどのくらいのショアリングが必要なのでしょうか？

　それを判断するためには、「モノの重さ」や「1本の梁や柱が支えている範囲」を素早く把握する必要があります。

　そこでここでは、ショアリングを行う相手、つまり「建物」について、「建物の重さ」と「梁や柱が支えている範囲」、「梁と柱の強度」について説明します。

　そして、最後に実際にショアリングを行ってみます。

### ❷ 建物の重さを知る

建物の重さは、
(1)　人や家具などの不確定なモノの重さ
(2)　建物の骨格や仕上げのモノの重さ
を足し合わせて計算します。

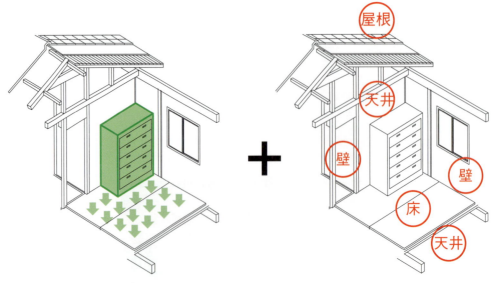

①人や家具などの不確定なモノの重さ　　②建物の骨格や仕上げのモノの重さ
図3-28

## (1) 人や家具などの不確定なモノの重さ

専門用語で「積載荷重」や「Live Load」と呼ばれ、用途に応じて床面積1㎡当たりの重さとして取り扱われます。

図3-29は、家具の配置による集中の程度も考慮して調査を行った重さです。

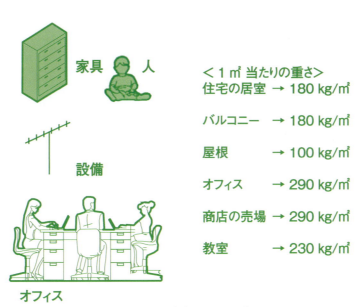

図3-29　不確定なモノの重さ

(2) 建物の骨格や仕上げのモノの重さ

　専門用語で「固定荷重」や「Dead Load」と呼ばれ、建築材料の密度に使用量（体積）を乗じて計算することができます。
　ここでは、建築材料の重さがどのくらいかを知ってもらうために一般的な仕上げを面積1㎡当たりの重さ50kg/㎡ごとに分類して紹介します。

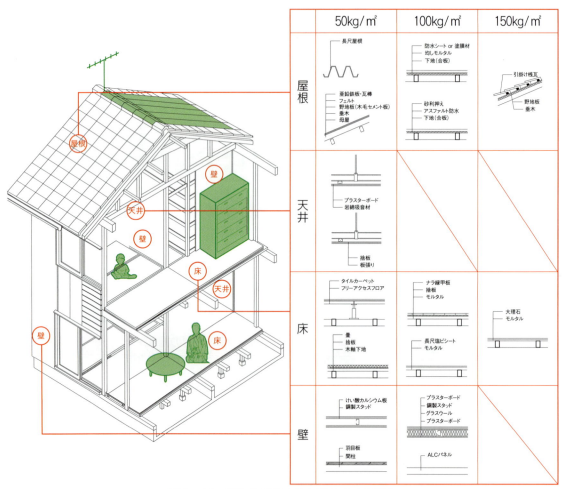

図3-30　建物の骨格や仕上げのモノの重さ

## ❸ 柱と梁はどのくらいの重さを支えているのか？

　柱や梁が支える重さは、その部材が支えている範囲の重さの合計となります。
　まずは、その部材が支えている範囲を把握し、その範囲の「面積」と前2の「重さ」の積から支えている重さを求めます。
　さらに、壁や2階がある場合は、その重さも加えていきます。

**1階の柱が支えている建物の重さを計算する**

屋根：150kg/㎡
天井：50kg/㎡
積載荷重（屋根）：100kg/㎡
屋根1㎡当たりの重さ：300kg/㎡

壁1㎡当たりの重さ：50kg/㎡

床：50kg/㎡
天井：50kg/㎡
積載荷重（住宅）：180kg/㎡
床1㎡当たりの重さ：280kg/㎡

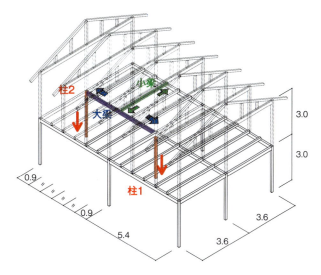

図3-31　計算例（その1）

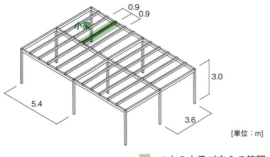

[単位:m]

■…1本の小梁が支える範囲

小梁が支える重さ
　　（小梁が支える範囲の面積）×（床1㎡当たりの重さ）
　　＝（0.9m×3.6m）×280kg/㎡＝約910kg

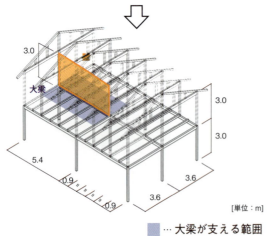

[単位:m]

■…大梁が支える範囲

①大梁が支える床の重さ
　　（大梁が支える範囲の面積）×（床1㎡当たりの重さ）
　　＝（3.6m×5.4m）×280kg/㎡＝約5,450kg

②大梁が支える壁の重さ
　　（大梁が支える範囲の面積）×（壁1㎡当たりの重さ）
　　＝（5.4m×3.0m）×50kg/㎡＝約810kg

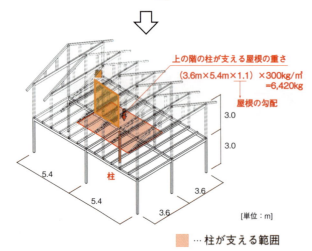

[単位:m]

■…柱が支える範囲

①柱が支える床の重さ
　　（柱が支える範囲の面積）×（床1㎡当たりの重さ）
　　＝（3.6m×5.4m）×280kg/㎡＝約5,450kg

②柱が支える壁の重さ
　　（柱が支える範囲の面積）×（壁1㎡当たりの重さ）
　　＝（2.7m×3.0m）×50kg/㎡＝約410kg

③上の階の柱が支える屋根の重さ　約6,420kg

柱が支える重さは、5,450＋410＋6,420＝約12,280kg

図3-32　計算例（その2）

## マメ知識　重さいろいろ重量目測

　倒壊を防止すべき建築構造物に対してショアリング構造の耐荷重が十分にあることを確認しておくことが、ショアリング構造の設置に当たっては重要となります。このため災害現場では、構造物の重量を見積もらなければなりません。しかし、建物の重量は災害現場で測る時間や確認する時間がないことから、構造物の体積から重量を推定することが必要となります。

　構造物の体積から重量を見積もるためには、材料の比重を用いて求めることができます。比重とは、水の重量に対して何倍の重量であるかを表したものです。水は10㎤当たり1kg、あるいは1㎥当たり1tの重量です。代表的な材料の比重を表3－3に示します。ショアリング構造の耐荷重が十分にあることを確認することから、実際の構造物の重量を正確に推定するのではなく、大きめに予測することが必要です。比重を用いた構造物の重量の計算方法は、次のとおりです。

〈重量物の計算方法〉

　「体積×比重＝構造物の重量」

　（重量物の形状により正確に計算が困難な場合は、安全面から重めに計算する。）

表3－3　比重（物体の1㎥当たりの重量）

| 物質の種類 | 1㎥当たりの重量（t） | 物質の種類 | 1㎥当たりの重量（t） |
|---|---|---|---|
| 鉛 | 11.4 | 石 | 3.0程度 |
| 銅 | 8.9 | レンガ | 1.2〜2.2 |
| 鉄鋼 | 7.9 | 土・砂利 | 2.0 |
| 鉄筋コンクリート | 2.4 | 水 | 1.0 |
| コンクリート | 2.3 | 木材 | 0.4 |

　建築構造物の重量を求めるには、構造物の体積を概算で求めなければなりません。体積は幅、奥行き、高さの3つの寸法を乗じることで表3－4のように求められます。

　体積を求めるために、大きな寸法を概算で求める方法を日頃から身に付けておくことが必要です。長さを求めるには、基準となる長さを幾つか知っておくと便利です。例えば、手を広げたときの親指と小指の間隔はおおよそ20㎝であるとか、両腕を広げたときの両手の指先の間隔は身長とほぼ同じであるなどです。この基準となる長さに基づいて、現場にあるロープやひもなどを利用して、基準となる長さの何倍であるかが分かれば、数m、さらに数十mの長さを大きな困難もなく測定できます。

表3－4　体積の計算式

| 形　状 | 体積の計算式 |
|---|---|
| 長方体 | 縦×横×高さ |
| 円　柱 | (半径)$^2$×3.14×高さ |
| 円　筒 | $\dfrac{外径＋内径}{2}$×厚さ×3.14×高さ |
| 球 | (半径)$^3$×3.14×$\dfrac{4}{3}$ |
| 円　錐 | (半径)$^2$×3.14×高さ×$\dfrac{1}{3}$ |

■鉄筋コンクリート塊の重量計算

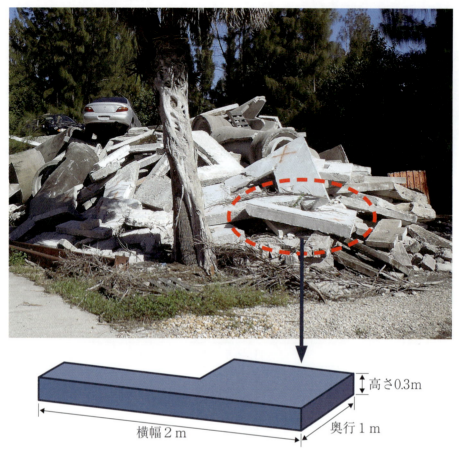

図3-33　重量物寸法

※安全側で考え、欠けている部分は欠けていないものとして重量計算します。

①重量物の体積：2m×1m×0.3m＝0.6㎥
②鉄筋コンクリートの比重：表3-3から2.4t／㎥
③重量物の荷重：0.6㎥（①）×2.4t／㎥（②）＝1.44t≒1.5t

## 4 ショアリングを施す

ここでは、これまでに説明してきたことを用いて、ショアリングが支える重さを計算してみます。

### (1) 建物外部に施すショアリング

写真3-5のようにショアリングと開口補強を施す場合について計算します。

写真3-5

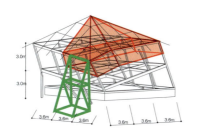

○ショアリングが支える ■ 部分の重量

・固定荷重

|   | 1㎡当たりの重さ[kg/㎡] |   | 面積[㎡] |   | 重量[kg] |
|---|---|---|---|---|---|
| 天井 | 約50 | × | 約60 | = | 約3,000 |
| 瓦屋根 | 約150 | × | 約70 | = | 約10,500 |
| 壁 | 約50 | × | 約40 | = | 約2,000 |

・積載荷重　　約100　×　約70　　　約7,000

合計 約22,500[kg]

○ショアリングに掛かる力 (傾斜角が1/10[rad]の場合)

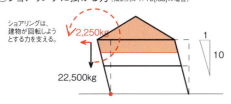

○ショアリングの各部材が支える力

図3-34　レイカー ショアの計算例

○開口補強が支える ■ 部分の重量

・固定荷重

|   | 1㎡当たりの重さ[kg/㎡] |   | 面積[㎡] |   | 重量[kg] |
|---|---|---|---|---|---|
| 天井 | 約50 | × | 約20 | = | 約1,000 |
| 瓦屋根 | 約150 | × | 約25 | = | 約3,750 |
| 壁 | 約50 | × | 約25 | = | 約1,250 |

・積載荷重　　約100　×　約25　　　約2,500

合計 約8,500[kg]

○開口補強に掛かる力 (傾斜角が1/10[rad]の場合)

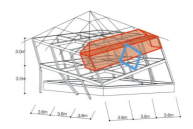

○開口補強の各部材が支える力

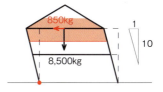

図3-35　進入口の開口補強計算例

## (2) 建物内部に施すショアリング

写真3－6のように、室内にショアリングを施す場合について計算します。

写真3－6

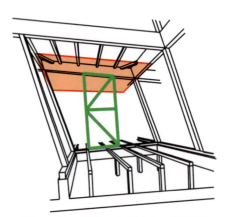

図3－36 写真から想定した骨格図

○ショアリングが支える ■部分の重量    ○ショアリングに掛かる力

・固定荷重

|   | 1㎡当たりの重さ[kg/㎡] | 面積[㎡] | 重量[kg] |
|---|---|---|---|
| 天井 | 約50 | × 約15 | = 約750 |
| 上の階の床 | 約50 | × 約15 | = 約750 |

・積載荷重　　　約180　　× 約15　　= 約2,700

合計 約4,200[kg]

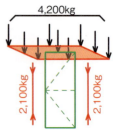

図3－37 2ポスト ショアの計算例

## マメ知識　ショアリングに用いる木材の最大耐力

ショアリングに使う部材が支えられる最大耐力を部材の大きさごとにまとめました。
　この表は現場で柱や梁の大きさから、新築当時にどのくらいの荷重を支えるように設計されたかの目安になります。

### ■無等級材の柱の最大（終局）圧縮耐力

材端条件：両端ピン
座屈長さ：Lk＝H（階高）

表3－5

| 柱形状 B × D | 階高 3.0m スギ | ベイマツ | ヒノキ | 階高 6.0m スギ | ベイマツ | ヒノキ |
|---|---|---|---|---|---|---|
| 100 × 100 | 4,900 | 6,000 | 5,500 | 1,200 | 1,500 | 1,400 |
| 120 × 120 | 11,000 | 13,500 | 12,500 | 2,500 | 3,200 | 2,900 |
| 150 × 150 | 24,000 | 30,000 | 28,000 | 6,200 | 7,800 | 7,200 |
| 180 × 180 | 40,000 | 52,000 | 48,000 | 12,900 | 16,200 | 15,100 |
| 200 × 200 | 55,000 | 69,000 | 64,000 | 19,700 | 24,700 | 23,000 |

[kg]

### ■無等級材の梁の最大（終局）耐力（曲げモーメントとせん断力を考慮した最大荷重）

材端条件：両端ピン
荷重条件：等分布荷重

表3－6

| 梁形状 B × D | スパン 3.6m スギ | ベイマツ | スパン 5.4m スギ | ベイマツ | スパン 7.2m スギ | ベイマツ |
|---|---|---|---|---|---|---|
| 100 × 150 | 1,800(M) | 2,800(M) | 1,200(M) | 1,900(M) | 600(M) | 1,400(M) |
| 100 × 180 | 2,600(M) | 4,100(M) | 1,800(M) | 2,700(M) | 1,300(M) | 2,100(M) |
| 100 × 210 | 3,600(M) | 5,000(Q) | 2,400(M) | 3,700(M) | 1,800(M) | 2,800(M) |
| 120 × 150 | 2,200(M) | 3,400(M) | 1,500(M) | 2,300(M) | 1,100(M) | 1,700(M) |
| 120 × 180 | 3,100(M) | 4,900(M) | 2,100(M) | 3,300(M) | 1,600(M) | 2,500(M) |
| 120 × 210 | 4,300(M) | 6,000(Q) | 2,900(M) | 4,500(M) | 2,200(M) | 3,300(M) |
| 120 × 240 | 5,100(Q) | 6,900(Q) | 3,800(M) | 5,800(M) | 2,800(M) | 4,400(M) |
| 120 × 270 | 5,800(Q) | 7,700(Q) | 4,800(M) | 7,400(M) | 3,600(M) | 5,500(M) |
| 150 × 150 | 2,700(M) | 4,300(M) | 1,800(M) | 2,800(M) | 1,400(M) | 2,100(M) |
| 150 × 180 | 3,900(M) | 6,200(M) | 2,700(M) | 4,100(M) | 2,000(M) | 3,100(M) |
| 150 × 210 | 5,400(M) | 7,500(Q) | 3,600(M) | 5,600(M) | 2,700(M) | 4,200(M) |
| 150 × 270 | 7,200(Q) | 9,700(Q) | 6,000(M) | 9,200(M) | 4,500(M) | 6,900(M) |
| 150 × 300 | 8,100(Q) | 10,800(Q) | 7,000(M) | 10,800(Q) | 6,000(M) | 9,000(M) |
| 150 × 360 | 9,700(Q) | 12,900(Q) | 9,700(M) | 12,900(M) | 8,000(M) | 12,000(M) |
| 180 × 180 | 4,700(M) | 7,400(M) | 3,200(M) | 4,900(M) | 2,400(M) | 3,700(M) |
| 180 × 210 | 6,500(M) | 9,000(M) | 4,300(M) | 6,700(M) | 3,300(M) | 5,000(M) |
| 180 × 240 | 7,700(M) | 10,300(M) | 5,700(M) | 8,800(M) | 4,300(M) | 6,600(M) |
| 180 × 270 | 8,700(Q) | 11,600(Q) | 7,000(M) | 11,000(M) | 5,000(M) | 8,000(M) |
| 180 × 300 | 9,700(Q) | 12,900(Q) | 9,000(M) | 12,900(M) | 7,000(M) | 10,000(M) |
| 180 × 360 | 11,600(Q) | 15,500(Q) | 11,600(Q) | 15,500(M) | 9,590(M) | 15,000(M) |

※M：曲げモーメント　Q：せん断力

[kg]

## 3 木造建物以外の基礎知識

### 1 建物の骨格の違いと重さについて

　地震により倒壊した建物内や瓦礫下から要救助者を救助する場合、迅速な救助活動が求められるのは当然ですが、更なる倒壊の危険性を可能な限り低くし、活動隊員及び要救助者の安全を確保することが重要です。

　写真3-7のように耐火造建物が傾いており、倒壊の危険性があるため、ショアリング等の安全管理対策が必要となる可能性があります。しかし、このような建物にショアリングができるか冷静に判断しなければなりません。

　建物の全体像が理解でき、建物の危険度を判断材料とできるよう、建物の骨格の違いと建物の重さについて記載します。

写真3-7　傾斜した重量建物

3　木造建物以外の基礎知識　　69

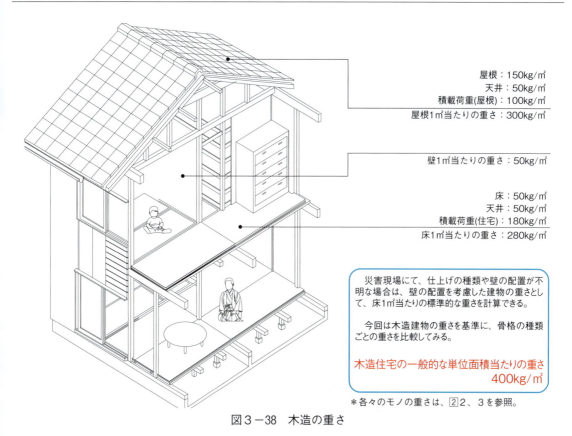

図3-38　木造の重さ

屋根：150kg/㎡
天井：50kg/㎡
積載荷重(屋根)：100kg/㎡
屋根1㎡当たりの重さ：300kg/㎡

壁1㎡当たりの重さ：50kg/㎡

床：50kg/㎡
天井：50kg/㎡
積載荷重(住宅)：180kg/㎡
床1㎡当たりの重さ：280kg/㎡

災害現場にて、仕上げの種類や壁の配置が不明な場合は、壁の配置を考慮した建物の重さとして、床1㎡当たりの標準的な重さを計算できる。
今回は木造建物の重さを基準に、骨格の種類ごとの重さを比較してみる。

**木造住宅の一般的な単位面積当たりの重さ**
**400kg/㎡**

＊各々のモノの重さは、②2、3を参照。

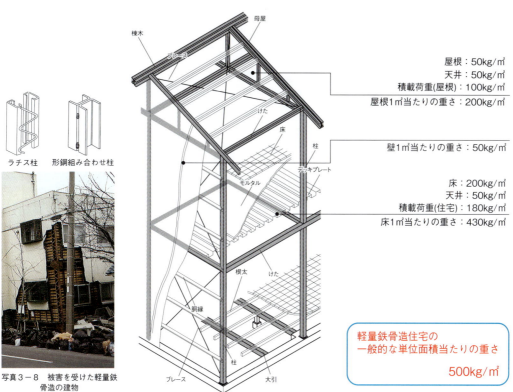

写真3-8　被害を受けた軽量鉄骨造の建物

図3-39　軽量鉄骨造の重さ

屋根：50kg/㎡
天井：50kg/㎡
積載荷重(屋根)：100kg/㎡
屋根1㎡当たりの重さ：200kg/㎡

壁1㎡当たりの重さ：50kg/㎡

床：200kg/㎡
天井：50kg/㎡
積載荷重(住宅)：180kg/㎡
床1㎡当たりの重さ：430kg/㎡

**軽量鉄骨造住宅の**
**一般的な単位面積当たりの重さ**
**500kg/㎡**

第3章　倒壊建物対応

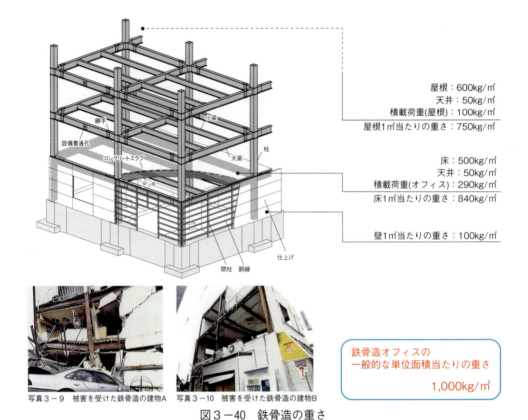

写真3-9　被害を受けた鉄骨造の建物A
写真3-10　被害を受けた鉄骨造の建物B

図3-40　鉄骨造の重さ

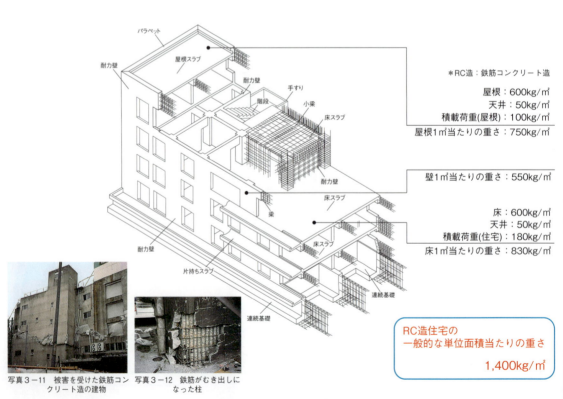

写真3-11　被害を受けた鉄筋コンクリート造の建物
写真3-12　鉄筋がむき出しになった柱

図3-41　RC造の重さ

3　木造建物以外の基礎知識

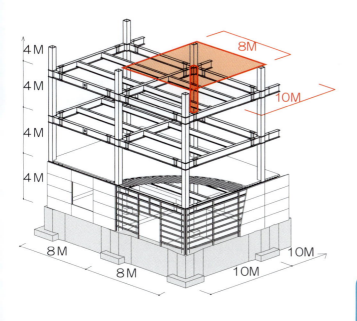

図中の柱が支える重さを計算する。
　鉄骨造やRC造は、木造に比べて柱の間隔が大きいため1本の柱が支える重さも大きくなる。

単位面積当たりの重さ：1,000kg/㎡
負担面積（　部分）：10×8=80㎡

柱（1本当たり）が支える重さ
1,000×80 = 約80t

4階建て鉄骨造の1階の柱の場合
80t×4階＝320t

木造2階建ての1階の柱が支える重さ
約12.3t（2 3参照）

収容物など不確定なモノの重さなども考慮すると4階建て鉄骨造の建物は、木造の建物の約30倍の重さを支えている!!

図3-42　鉄骨造の柱1本が支える重さ

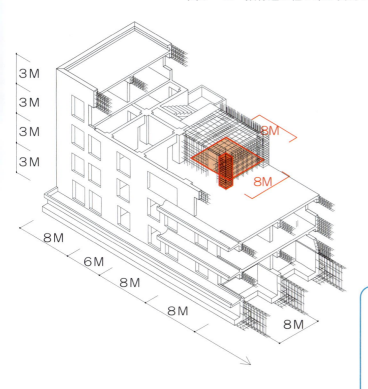

図中の柱が支える重さを計算する。

単位面積当たりの重さ：1,400kg/㎡
負担面積（　部分）：8×8=64㎡

柱（1本当たり）が支える重さ
1,400×64 = 約90t

4階建てRC造の1階の柱の場合
90t×4階＝360t

木造2階建ての1階の柱が支える重さ
約12.3t（2 3参照）

4階建てRC造の建物は、木造の建物の約30倍の重さを支えている!!

図3-43　RC造の柱1本が支える重さ

## マメ知識　設置角度等が耐荷重に及ぼす影響を知る

　倒壊建物の状況によっては適切な応急処置的補強が困難な場合もあることから、構造力学の専門家である足立氏に、「設置角度等が耐荷重に及ぼす影響」について解説していただきます。

　災害時において建築建物は既にかなりの損傷を受けていることから、必ずしも良好な状態でショアリングを行うことが可能とは限らない。実際の災害現場では、建物の土台がかなり損壊しており十分な荷重を支えることができない状態、あるいは建物がかなり損傷しておりショアリングを設置する梁も大きく傾いているような状態などの様々な状況が予想される。このため、ショアリングを設置するときは十分な状態で設置することが困難となることを考えておかなければならない。

　設置時の状況によりショアリングの補強効果がどのような影響を受けるかを知るために、解析による検証が行われている。Tポスト ショアは前述のように縦方向の力を支える支柱である。支柱の圧縮問題は古くから構造力学では解析がなされており、初期不整と呼ばれる支柱の僅かなゆがみ、傾いて設置されることにより支柱に曲げ変形が生じ耐荷重が著しく低下する座屈と呼ばれる現象が生じることが知られている。以下は、可搬性及び繰り返して使用することを想定したアルミニウム合金製のTポスト ショアについて、有限要素解析により検証されたものである。

　設置時の状況を考慮するためにTポスト ショアの上下端拘束条件を変えて検証を行っている。下端は上下方向及び回転もしないように固定された状態とし、支柱の上端は回転を拘束し上下方向にのみ移動可能とした場合（固定－固定）、上端において回転は自由にできるものとして上下方向にのみ移動可能とした場合（固定－回転）及び上端は拘束がなく自由に移動できる場合（固定－自由）の3種類の条件で解析を行った結果を図3－44に示す。支柱の長さが長くなるとともに座屈が低荷重で生じるため耐荷重が低下する。特に上端の拘束がなく自由にした場合は、支柱の長さが長くなると著しく耐荷重が低下することが分かる。逆に上端を固定することで、支柱の長さが長くても比較して耐荷重の低下を抑えることができる。このようにショアリングの変形をできるだけ抑えるために、ショアリング設置時において上下端に十分な剛性を与えることが必要となる。

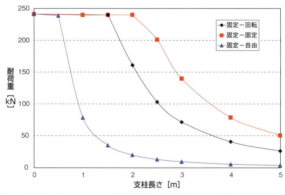

図3－44　Tポスト ショアの耐荷重に及ぼす上下端の拘束条件の影響

　Tポスト ショアは、鉛直に設置して縦方向の荷重を支える構造である。実際は鉛直方向に設置することが困難であるために、ショアリングの設置角度が耐荷重にどのような影響を及ぼすかについてもあらかじめ知っておく必要がある。支柱の上端において回転は自由にでき上下方向にのみ移動可能とした場合（固定－回転）の支柱の角度と耐荷重の関係を示した結果を図3－45に示す。設置角度が大きくなる支柱の耐荷重が低下することが分かる。特に支柱の長さが短い場合

に耐荷重の低下が生じる。さらに、支柱の上端の拘束がない状態（固定－自由）の耐荷重を図3－46に示す。図3－45とかなり異なり耐荷重に及ぼす設置角度の影響は大きく、設置角度に対する耐荷重の低下は著しい。これは、上端の拘束がないことから支柱の曲げ変形が設置角度により容易に生じることによるものである。実際には厳密に鉛直方向にショアリングを設置することは困難であることから、支柱の上下端の剛性を大きくして拘束を与えることにより、設置角度及び支柱の長さの増加による耐荷重低下を防止することが必要となる。

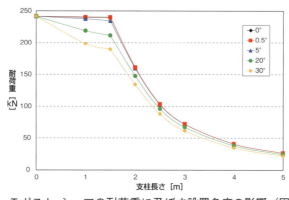

図3－45　Tポスト ショアの耐荷重に及ぼす設置角度の影響（固定－回転）

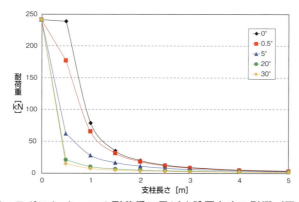

図3－46　Tポスト ショアの耐荷重に及ぼす設置角度の影響（固定－自由）

写真3－13

〈資料提供〉

・株式会社アサンテ（シロアリ被害関係）
・日本セイフティー株式会社（支保工関係）

# 第4章 障害突破

　震災時における狭隘空間の最初の活動は障害突破になります。
　状況にもよりますが、指揮進入活動（ベーシックガイド第3章）において、環境観察や危険度判定を行い、「進入できるのか？」を判断しなければなりません。これは、活動現場及びその周辺の活動危険情報や危険物情報等はもちろんのこと、内部進入場所も同じく確認しなければなりません。
　情報収集し、情報を評価して、具体的な捜索計画を立て、まず初めに取り掛かる大掛かりな作業が障害突破になるのです。
　倒壊している建物の内部進入できる場所を探すのは困難で多くの時間を要します。しかし、要救助者がいるという情報が正確であればあるほど、時間を掛けてはいられません。
　場合によっては、重量物を持ち上げる（クリビング技術）又は重量物を移動する（ムービング技術）ことで、内部進入できる場所を作ることができるかもしれません。また、破壊作業により開口部を作り内部進入ができるかもしれません（ブリーチング技術）。
　内部に進入し、次に障害となるのが家財です。建物内には、大型家具や電化製品が多く存在するため、要救助者にたどり着くためには、捜索と同時に家財排除を行わなければなりません。家財排除も多くの危険を伴い、過去の災害においても家財排除は大変危険な作業であり長時間を要す重労働であったといわれています。
　用手的に排除できるものもあれば、器具や器材を使用しなければ排除できないものもあり、事前に家財排除のための準備が必要です。

写真4－1　倒壊家屋

# 1 家財排除

## 1 家財排除とは

　倒壊した建物のほとんどは内部に家財が詰まっている状態で潰れていることが多く、要救助者はその先にいることになります。つまり、要救助者にたどり着くには家財を排除しながら進まなければなりません。

　ときには大型家具等があることにより、ボイド（Void）と呼ばれる狭隘空間ができているかもしれません。この場合、安易に家財を排除するのは危険です。要救助者救出のため、大型家具等の排除が必要な場合は、何か別のもので補強してから排除しなければなりません。

　状況によっては、エンジンを原動力とした器材を使用しなければならない状況が出てくるかもしれません。しかし、排気ガスを伴う資器材については、狭隘空間で使用すべきかどうか状況を評価して判断しなければなりません。

写真4-2　座屈階降下タイプでの家財の状況

写真4-3　倒壊前の家財の状況

## 2 排除していいのか

　家財排除は、まず潰れた家財が排除してもよいものなのか、排除してはいけないものなのかを判断しなければなりません。建物の倒壊状況によっては、テーブル1脚、タンス1棹等で建物の一部が支えられ狭隘空間ができている場合もあります。そのため、倒壊状況を確認し、建物の重さ（力の向き）がどのように、そしてどこに加わっているのかを評価する必要があります。

　次に、潰れている家財が安定しているのか、不安定なのかを判断します。不安定な物は可能な限り排除します。ここで事前に理解しておかなければならない重要なことは、家財によっては救出活動に多大な支障を来すことです。

　例えば、タンスです。タンスは狭隘空間において人力で移動することが可能でしょうか？　容易に推測できますが、建物に押し潰されているタンスを人力で動かすことはできません。何らかの破壊器具が必要になります。チェーンソーなどで切断できたとしても急に力の加わる方向が変化し、更なる倒壊を引き起こす可能性も考えられます。

また、ベッドはどうでしょうか？　マットレスにはスプリングが入っています。スプリングをワイヤーカッターなどで切断できたとしても、その切り口は鋭利で排除時にけがをする可能性があります。さらに、羽毛布団はどうでしょうか？　羽毛布団を切り裂くと中から羽毛が出てきます。狭隘空間内で羽毛が舞い上がると呼吸ができないぐらいの障害になります。救助隊はマスクをするなどの対策を取ることができますが、障害物の向こう側にいる要救助者は対応が困難です。
　ここで忘れてはならないものがあります。電化製品です。電気が遮断されていれば、危険は小さいと思われますが、電気が通っている場合はとても危険です。破壊器具などで電気コードを切断したら感電する可能性もあります。電気の遮断が確認できている場合でもいつ電気が復旧するか分かりません。電気が復旧したときが火災発生の危険が高まる瞬間です。電気については十分に注意が必要です。
　このように様々な家財で活動障害が起こる可能性があります。起こり得るハザードをシミュレーションし、対策と対応を検討しておくことが大切になります。
　第三に、家財を排除した後は建物の力の加わり方が変わり、更なる倒壊を引き起こす可能性があります。そうならないようにショアリングを行うことが重要です。
　要救助者がそこにいるからと安易な排除を行うことで、二次災害を引き起こす可能性があることを念頭に置くことが大切です。

【家財の特徴】
・家具（タンス・テーブルなど）

　大型の家具は非常に硬く、破壊が困難です。その頑丈さにより、倒壊した屋根や壁を支えている場合があり、排除することによって建物が二次倒壊する危険性もあるので注意が必要です。また、家具が潰されている場合、木材にねじれが発生して、のこぎりでの切断は困難です。さらに、引き出しの内部や取っ手など金物を使用している場合も多く、切断に時間を要します。

・ベッド
　ベッドは簡単には移動できないので、切ったりする可能性があるかもしれませんが、マットレスにはスプリングが入っているため、危険性が増す可能性があります。

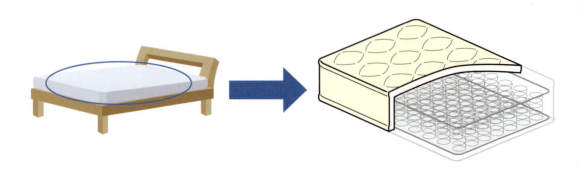

・羽毛布団
　羽毛布団にはもちろん羽毛が入っており、切り裂くと羽毛が舞い上がり口に入ったりすると呼吸困難になります。

写真4－4　布団・羽毛

・電化製品
　電気を使用する家財はたくさんあります。周囲を確認せず、近づいたり排除したりすると、プラグがコンセントに挿入されている状態では感電する可能性があります。また、冷蔵庫にはフロンガスが充塡されているものもあります。

写真4－5　コンセント

*78* 第4章　障害突破

# 2 ブリーチング

## ❶ ブリーチングとは

　ブリーチングとは、震災時などの倒壊建物などにおいて、内部への進入が不能な建物の壁体などに破壊作業を行い、開口部を設定することです。一般的に破壊活動が困難なコンクリート構造の建物の破壊を行う場合をいいます。破壊作業の形式によりクリーンブリーチング（コンクリート飛散防止破壊）とダーティーブリーチング（迅速破壊）があります。

　また、開口部を設定するに当たり、開口する形状、方法、使用資器材に原則はないといわれています。現場の現状に合った開口方法及び保有資器材による安全かつ効果的な方法を選定しなければなりません。ここでは一般的な開口方法について説明します。

---

### コンクリート飛散防止破壊（クリーンブリーチング）

　床面へのブリーチングに対して、破壊作業を行う際に内部に落下するコンクリート片を極力少なくする方法です。

　開口場所が限定され、要救助者の直上等の壁などに破壊活動を行わなければならない場合に選択します。

　しかし、コンクリートのはつり作業に想像以上に長時間を要するため、要救助者の容態や付近の逃げ遅れの状況などを考慮し、実施する必要があります。

---

### 迅速破壊（ダーティーブリーチング）

　コンクリート壁にドリルで多数の穴を開け、強度が弱くなった部分をハンマーでたたき破壊する方法です。

　クリーンブリーチングに比べ、迅速に開口することができますが、床面へのブリーチングの場合、内部にコンクリート片が落下するため、要救助者の頭部や体幹部付近に開口しなければならない場合には非常に注意が必要です。

---

## ❷ ブリーチング活動

### ⑴　活動における特徴

　ブリーチング作業は疲労がたまりやすく、時間が掛かります。

　複数の隊員、複数の資器材で対応することにより所要時間の短縮化を図ることができます。

　作業効率向上のため、エンジンカッター、削岩機及びはつり機を２台又は３台同時に使用して作業することは必要不可欠なものですが、その反面危険で激しい騒音が伴います。

そのため、音声（警笛や声）による伝達だけでは不確実となることがあるので、手信号等目に見える合図と作業者の肩をたたく等の方法を併用し、伝達が確実にできるようにすることと積極的に隊員のローテーションを行うことが大切です。

## (2) 活動空間における特徴

開放空間や閉鎖空間又はクリーンブリーチングやダーティーブリーチングを問わず、排気ガスを発生する資器材を使用する場合は、送排風機による排気ガス拡散排出等を行う必要があります。また、粉塵障害、酸欠障害を防ぐため資器材の選定も必要となります（内燃機による動力より電気による動力がベター）。

写真4-6　エンジンカッターによる粉塵の様子

## (3) 活動時における建物の特徴

### ① 床面

一般的に鉄筋コンクリート床厚は80mm以上で、配筋は直径10mm以上の200mmピッチ以下の網の目状で施工されています。

近年は、亀裂、疲労及び振動などを考慮して120mmから180mmの床として厚くする傾向があります。

活動においては、床の仕上材を破壊後にコンクリート床面に直接マーキングを行います。

住居の場合は、床板及び畳等があり、根太等によりコンクリート床よりかさ上げされています。

事務所等の場合は、直接カーペットや仕上材が敷かれており、床下配線のためフリーアクセスフロア等により空間がある場合もあります。

工場等の場合は、デッキプレートを型枠として利用されたコンクリート床板やALC板等があります。

また、コンクリート床の下には下階の天井材があるため、それら（コンクリート床から下階の天井面）を考慮した破壊活動が必要となります。

写真4-7　下階の天井材の様子

写真4-8　住居の床材の状況

> **MEMO　合成スラブ**
>
> 　合成スラブとは、デッキプレートと呼ばれる鋼板の上にコンクリートが打設されている床（天井）のことをいいます。この場合、ダーティーブリーチングを実施することはできません。どんなにドリルで穴を開けても鋼板に邪魔されます。合成スラブの破壊は底にあるデッキプレートまでコンクリートのはつりを行い、最後にグラインダー等でデッキプレート（鋼板）を切断し、開口します。

② 壁面

　鉄筋コンクリート壁にあっては、配筋は直径9mm以上の300mmピッチ以下の網の目状で施工されていることが多いです。

　耐力壁の場合は、壁厚120mm以上で、配筋は300mmピッチ以下の網の目状で施工され、複配筋の場合は450mmピッチ以下で施工されています。

## ❸ 活動手順

(1)　サーチングホールの設定

　要救助者がいる可能性がある区画に対しての内部確認のため、電動式ドリル等を用いて確認用の貫通した穴を設定します。

　サーチングホールを設定するに当たり、コンクリート内の鉄筋位置の把握が難しく、鉄筋に接触しても容易に取り外すため、簡易画像探索機等のカメラが挿入できる直径のキリ（ビット）の細いものを選定し使用します。

　貫通作業中に約60mmから約90mmの深さでキリが進まない場合は、鉄筋に当たっている可能性があるため、約50mm横と縦へずらして、再度設定します。

① 床面への設定

　コンクリート床の下には下階の天井材があるため、床厚と天井材を貫通させる長さのキリ（ビット）が必要です。

② 壁面への設定

壁面の向こう側に要救助者が座位の状態でいる可能性もあるため、床面より900mm以上高い位置に設定します。

壁面の向こう側に家具などの収容物があることも考慮します。

(2) 内部確認

画像探索機等を用いて、内部状況及び要救助者が開口部設置付近にいないことを確認するとともに、区画内の環境測定及び声掛け等も実施します。

要救助者が確認できたら、ブリーチング位置が適正であるかを確認します。

ブリーチング位置が適正でない場合は、なるべく頭部から離れた位置にサーチングホールを設置し直し再度内部を確認してから、ブリーチングを開始します。

以後の活動にあっては、環境悪化防止を考え活動します。

(3) マーキング

サーチングホールを中心に舟形担架の挿入及び活動に有効な開口を考慮し、一辺約90cmの三角形を線で描きます。

要救助者を救出可能な大きさであれば、建物の強度にもよりますが、開口の大きさはこだわりません。

図4-1

① クリーンブリーチング

マーキングに対し、エンジンカッター等で最低限の破壊箇所を示すため、マーキングした線に沿って10cm内側に線を描きます。

ダブルブレードカッターを使用する場合は、外枠のみのマーキングとなります。

図4-2

② ダーティーブリーチング

マーキングに対し、削岩機等ではつるための位置決めとして、エンジンカッター等の切り込み位置の明示をします。

図4-3 床面の一例　　図4-4 壁面の一例

### (4) 切り込み作業

　エンジンカッター等を使用し、三角形の頂点から深さ約5cmの切り込みを入れます。
　作業効率向上のため2台同時に切断を行う場合は、危険防止のため事前に切断順序を決め、隊員に徹底して安全管理を行います。
　なお、エンジン式の資器材を使用する際は、わずかな隙間から一酸化炭素の流入が考えられることから、送排風機等による換気を徹底し現場環境の悪化防止を行います。
　また、噴霧器で水を掛けることにより、切断時の粉塵を抑えることができます。
　切断作業とはつり作業が同時進行となる場合は、切断作業を優先し、その支障とならないように注意し、必要に応じてはつり作業を中断させます。

### (5) ブリーチングの手順

#### ① クリーンブリーチングの手順
　ア　エンジンカッターでの切り込み
　　　大小の三角形のマーキングに沿ってエンジンカッターで切り込みを行います。

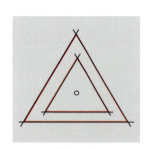
図4-5

写真4-9　エンジンカッターでの切り込み

> ダブルブレードカッターを使用する場合は、外枠に沿っての切断となります。

　イ　はつり作業
　　a　マーキングの大小の切り込みが完了したら、削岩機等で切り込みした間のはつり作業を開始します。

写真4-10　はつり作業の状況

写真4-11　はつり作業完了の状況

　　b　三角形の溝内に鉄筋が見える深さまではつり作業を進めます。

c 中央部のコンクリート片の落下防止を行います。
d 三角形の溝内の鉄筋を避け、ハンマードリル等でコンクリートの強度を下げるための穴開け作業を行います。
e 三角形の溝内の強度が下がったところで削岩機等を使用し、溝内を鉄筋だけの状態にします。

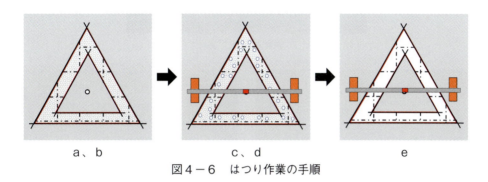

図4－6　はつり作業の手順

ウ　中央部分コンクリート確保要領
　短い鉄筋等にテープスリングを付け、サーチングホールへ縦にして入れます。鉄筋等が内側へ通ったら単管等で確保します。

**破壊箇所の落下防止状況**

写真4－12　a

写真4－13　b

写真4－14　c

写真4－15　d

写真4－16　e

写真4－17　クリーンブリーチング活動時における落下したコンクリート片の状況

② 下方向へのダーティーブリーチングの手順
　ア　エンジンカッターでの切り込み
　　　4つの三角形のマーキングに沿ってエンジンカッターで切り込みを行います。
　　　小さな三角形内に1本切り込みを入れることにより、はつりやすくなります。

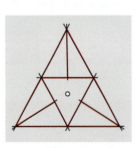

図4－7　　　　　　　　写真4－18　床面の切り込み状況

　　　エンジンカッターでの切断時、水を掛けすぎると水たまりができるため注意します。
　イ　はつり作業
　　　a　マーキングの角に当たる3箇所の小さな三角形内を、切り込み側に削岩機等ではつり作業を開始します。
　　　b　各三角形内の鉄筋が見える深さまではつり作業を進めます。
　　　c　各三角形内の鉄筋を避け、ハンマードリル等でコンクリートの強度を下げるため、各10個程度ランダムに穴を開けます。

穴開けはコンクリートの強度を下げることが目的のため、ドリル径により数は増減します。

穴の数が少ないと、コンクリートの強度が十分に低下せず、後の破壊作業の負担が大きくなります。

d　各三角形内の強度が下がったところで鉄ハンマーを使用し、コンクリートをたたき割り鉄筋だけの状態にします。

穴が集中し、強度が落ちている部分を狙うように打撃を加えます。

e　中央部のコンクリート片を鉄ハンマーでたたき割り、鉄筋だけの状態にします。

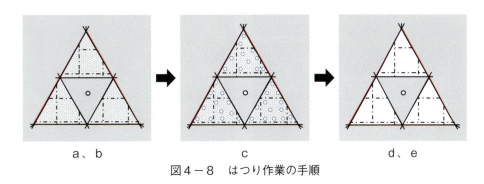

図4－8　はつり作業の手順

③　横方向へのダーティーブリーチングの手順

ア　エンジンカッターでの切り込み

マーキングに沿ってエンジンカッターで切り込みを行います。

三角形の各頂点付近のはつり作業は行わないため、切り込みは行いません。

このブリーチング作業は、壁面に対してのクリーンブリーチング要領としても可能です。

図4－9

写真4－19　壁面の切り込み状況

イ　はつり作業

a　マーキングの角に当たる箇所（三角形の各頂点）及び中心の四角形を残し、切り込み側に削岩機等ではつり作業を開始します。

救出用担架等を出し入れできる幅を考慮すれば、底辺の左右角の破壊は必要ありません。

b　中心の四角形を囲うように鉄筋が見える深さまではつり作業を進めます。

c　はつり作業を行った箇所内にある鉄筋を避け、ハンマードリル等でコンクリートの強度を下げるため、左右各15個程度ランダムに穴を開けます。
　　穴開けはコンクリートの強度を下げることが目的のため、ドリル径により数は増減します。
　　穴の数が少ないと、コンクリートの強度が十分に低下せず、後の破壊作業の負担が大きくなります。

写真4－20　はつり作業の状況

写真4－21　穴開け作業の状況

d　中心の四角形の下を残し、強度が下がったところで鉄ハンマーを使用し、コンクリートをたたき割り鉄筋だけの状態にします。
　　穴が集中し、強度が落ちている部分を狙うように打撃を加えます。
e　レシプロソー等で中心の四角形の上及び左右の鉄筋の中央を切断します。
f　残った中心の四角形は手前に倒します。

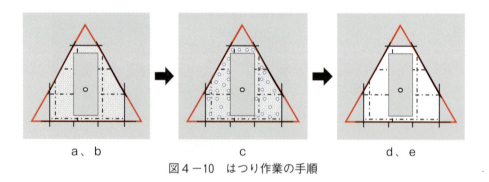
図4－10　はつり作業の手順

(6)　鉄筋の切断

　切断にあっては、レシプロソーやクリッパー等の原則火花がでない資器材を使用し、切断位置は躯体部分側に鉄筋を折り曲げられる長さを考慮して切断します。
　切断した鉄筋は鉄ハンマー等を使用し、切断面を救出側へ折り曲げます。

写真4-22　クリッパーでの切断

写真4-23　レシプロソーでの切断

## ❹ その他のブリーチング方法

### (1) 鉄筋コンクリート用チェーンソー（ダイヤモンドチェーンソー）によるブリーチング

　高額な切断刃ですが、マーキングの外枠のみの切断作業となるため作業時間の短縮及び隊員への疲労軽減ができ、後の救助活動も容易になります。
　また、切断面の凹凸もなく、クリーンブリーチング活動にも有効です。

### (2) ハンマードリルブリーチング（ハンマードリルのみを使用）

　近年のドリルビットは消耗にも強く、また、鉄筋も切断できる能力があるものもあるため、ハンマードリルのみでのブリーチングも可能です。
　ダーティーブリーチングのみですが、作業時間の短縮ができ、縦方向及び横方向にも有効です。

① **マーキング**

　三角形のマーキング後、ハンマードリルで穴を開ける位置（サーチングホールを中心に約15cmから20cm幅の円状に15cmから20cm間隔）にマーキングを行います。

② **穴開け**

　貫通せずにドリルが進まない場合は、鉄筋と当たっている場合があるのでその位置から約5cmずらして穴を開け直します。
　貫通した穴が多く、穴の径が大きいほどコンクリートの強度は低下します。

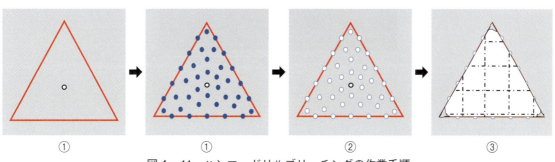
図4-11　ハンマードリルブリーチングの作業手順

写真4−24　壁面への穴開け作業

写真4−25　壁面裏側の状況

③　破壊

　三角形のマーキング内に均一に穴開けが完了したら、鉄ハンマー等でたたき割ります。コンクリートの強度が低下しているため容易に破壊できます。

写真4−26　床面上部

写真4−27　貫通状況

写真4−28　貫通後のはつり作業

2　ブリーチング　89

写真4－29　壁面表側

写真4－30　壁面裏側

写真4－31　貫通後のはつり作業

## MEMO

① 上階から下階へ進入する際の床面のブリーチングを行う場合でハンマードリル使用時は、貫通側（下階の天井面）がひび割れて破損し、コンクリート片が下階へ落下するので注意が必要です。

写真4－32　ハンマードリル等の貫通後の床面下側の破損状況

写真4－33　上階からダーティーブリーチングで落下した床の構造体

② 三角形のマーキング内の穴開けが完了したら鉄ハンマー等でたたき割りますが、鉄ハンマーのたたき方により、鉄ハンマーの柄が軀体部分に接触し、簡単に折れることがあるので注意が必要です。

# 3 クリビング

## 1 クリビングとは

倒壊建物の瓦礫等（重量物）が開口部を塞いでしまい、内部への進入の障害となっていたり、重量物の下敷きになっている要救助者を救出する際に、重量物を持ち上げ、クリブと呼ばれる木材を使って重量物を安定させることをクリビングといいます。持ち上げには空気式ジャッキ、油圧式ジャッキ等も使用しますが、そのような資器材を挿入する隙間を作る際や大きな資器材が持ち込めない環境下では、バールを使用して用手による持ち上げ操作を行います。

写真4－34　クリビングイメージ

## 2 使用資器材

### (1) バール（高強度）

高重量物を操作するため、強度の高いバールが必要となります。写真4－35のバールは石起こしに使用されるピンチバールと呼ばれているバールです。

### (2) クリブ（木材）

重量物を安定させるために当て木として使用する木材です。強度が高くて比較的多く流通しており、入手が容易な木材を使用することが多く、国内では杉やひのき、欧米では米まつを主に使用します。

クリブの種類としては4×4クリブ、4×4クリブよりも薄い2×4クリブ、4×4クリブや2×4クリブを対角線に切断しくさび状にしたウェッジ、シムがあります。ウェッジ、シムはどちらもくさびという意味ですが、シムには詰め物という意味合いもあります。

写真4－35　使用資器材

高さ調整に使う場合にはウェッジ、隙間埋めに使う場合にはシムというように呼称を区別することもありますし、一対で使用する場合にはウェッジ、個別に使用する場合にはシムというように呼称を区別する場合もあります。

## 3 クリブについて

　重量物を持ち上げる際に、重量物と地面の間の隙間が大きくなると、重量物がバランスを崩したりバールがキックバック等を起こして外れてしまった場合に重量物の落下距離が長くなり、衝撃はとても強いものとなります。この衝撃がクリブの破損や他の重量物の更なる倒壊を誘導したり、隊員の受傷等の二次災害を引き起こすおそれがあります。

　そのため、重量物を持ち上げている際に万が一重量物が落下しても最短距離で落下を止められるように、各種クリブを用いて隙間を埋めていきます。そして、必要な高さまで持ち上げた後に細かい隙間があれば、シムでその隙間を埋めて重量物の荷重をクリビングのシステム全体に均等にかかるようにします。

　クリブはおおむね45cmから120cm程度のものを現場の環境に応じて、その場で切断して使用することもでき、この現場対応の柔軟性がクリブの利点の一つともいえます。一般的に車両への積載方法や取り回しを考慮して60cmのクリブを使用することが多く、くさび状のウェッジ等はそこから持ち手分を15cm取り、残りの45cmを対角線上で切断しています。これによりクリビングの際に重量物の下に手が入ってしまうリスクを軽減しています。15cmの持ち手部分は作らずに45cmのクリブを対角線上で切断したのみのウェッジ、シムを使用する場合もあります。これは、狭隘な環境でも取り回しがよいからとされています。

## 4 クリブの組み方

　クリブは基本的に井型に積み上げていきます。井型の各交点（コンタクトポイント）で重量に耐えるようになっています。甲種一級90mm角杉材を例にすると、一つの交点で約3tの重量に耐えられるようになっており、全部で4点ある交点のうち2点が重量物と接している2点支持ならば6t、全ての交点が重量物と接している4点支持ならば12tの重量に耐えられます。

　各交点が最も強度が高い部分であるため、数段積み上げた際には各交点が上から見て直線になるように設定し、交点以外の部分に荷重が集中しないように注意してクリブを設定します。

　井型の末端はクリブの太さ分の余裕を持たせます。これは、もしも重量物が載っている状態でクリブがバランスを崩して転がっても、井型の範囲内に収まり積み上げたクリブの崩壊を防止するためです。

　また、木のブロックをバランスを取って積み上げているような状態のため、高くなればなるほど不安定になりますし、4点支持のようにクリブ全体に荷重が載っている状態よりも1点支持のように荷重が偏っている方が不安定になります。したがって、高さにも制限があり、1点支持の場合は井型の幅と同じ高さまで積み上げることができます。図4-12であれば40cmとなります。同様に、2点支持

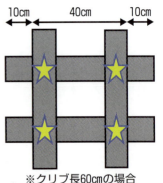

※クリブ長60cmの場合
★…交点（コンタクトポイント）
図4-12　クリブの組み方

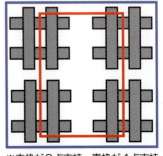

※赤枠が2点支持、青枠が4点支持
図4-13

の場合は幅の1.5倍、60cmまで、4点支持の場合は幅の3倍、120cmまで積み上げることができます。

クリブの組み方には様々な種類があり、基本の井型はボックスと呼ばれる組み方です。更に安定度、強度を増した組み方として最下段にクリブを敷き詰めたソリッドベアリングがあります。これは地盤の柔らかい場所の地盤補強にもなる方法です。狭隘な空間でクリブを組む場合にはパラレル、トライアングル等の井型を変形させる方法もあります。井型を変形させた場合にはコンタクトポイントの幅も狭くなりますので、ボックスに比べて安定度は低下します。

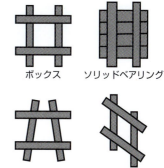

図4−14 状況に応じたクリブの組み方

積み上げた井型の安定する範囲は、井型の中心部3分の1程度となり、常にこの安定範囲内で荷重を受けることが重要になります。

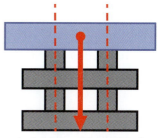

図4−15 安定範囲（横から見た図）

## 5 バールの使い方

### (1) バールの持ち方

数百kg〜数tの重量物を扱っているため、バールの使い方を誤るとキックバック等が発生した場合、大事故につながり非常に危険です。二次災害の発生を防止するためにバールを正しく使用しましょう。

まずは、バールの持ち方と構え方です。バールは握り込んでしまうと、キックバックが発生した際に衝撃で指や手首を痛めたり、バールが重量物から外れて隊員が後方に倒れ込んだときにバールを握り込んだ拳を地面にぶつけて負傷してしまいます。そのため、手は握り込まずに上からかぶせるようにバールを保持します。そして、重量物を持ち上げる際にはバールに上体をかぶせたりしてはいけません。キックバックが起こった際にバールが顔や体に当たらないように、バールに体はかぶせず体の脇にバールが位置するように構えます。

写真4−36 バールの持ち方

なお、バールが前方や後方にはじかれて飛んでいく可能性もあるので、持ち上げ操作実施中は周囲の人がバールの動線上に入らないように注意します。

バールはおおむね腰から膝下辺りの範囲で動かすようにします。腰より高い位置から持ち上げようとすると腕が曲がってしまいバールに力をうまく伝えることができず、膝下より低い位置では効率的な揚程を保てないためです。持ち上げた重量物を下げる場合には、持ち上げと逆の要領で膝下辺りから開始して腰の位置で下ろし操作を停止するようにします。このときに、一度に大きく下げたいからと腰より高い位置までバールを動かしてしまうと、うまく体重が乗せられずに腕が曲がってしまい、重量物の重さに耐えられなくなります。無理はせず、必ず安定した姿勢で操作するようにします。

(2) メカニカルアドバンテージ

バールで重量物を持ち上げるために、てこの原理を利用します。支点と力点、作用点の距離を調整することでバールの位置を適正な位置にすることができたり、小さな力で大きな作用を生み出すメカニカルアドバンテージの効果を最大限に発揮することができます。なお、1人で持ち上げられる重量はおおむね500kg程度といわれています。

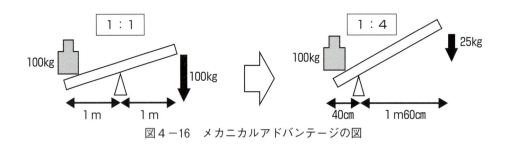

図4-16 メカニカルアドバンテージの図

(3) バールの支点

バールで重量物を持ち上げる際に、クリブを使用してバールを当てるための土台（支点）を作ります。バールの支点は、重量物が高くなればなるほど同様に高くしていかなければなりません。しかし、不安定な支点ではバールを当てて持ち上げ操作を実施している途中に崩れてしまうので、安定した支点を作るようにします。同一方向に3段積みは不安定であり支点崩壊の可能性が高いため、同一方向に重ねるクリブは2段までとし、3段の高さの支点が必要な場合は、井型を組むように垂直方向へ1段クリブを追加して3段の高さにします。

写真4-37 クリブを使用した支点

⑷ 基本的なバールの操作方法

〈てこ①〉
バールを上から下に押し込むように荷重を掛けて持ち上げます。

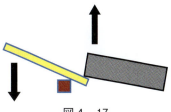

図4−17

〈てこ②〉
バールを下から上に上げることで重量物の下部側面を押して重量物を移動させます。

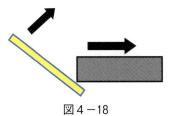

図4−18

〈てこ③〉
てこ①の要領で持ち上げた後に船を漕ぐようにバールを動かし重量物を移動させます。

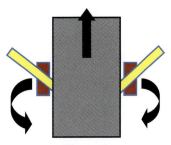

図4−19

## 6 役割分担

・指揮者（インシデント・コマンダー）
　活動の指揮を執ります。
・クリブ挿入者（クリバー）
　クリブを重量物に挿入していきます。
・クリブ挿入補助者（フィーダー）
　クリブを準備したり手渡したり補助を行います。
・重量物持ち上げ者（リフター）
　バールを使用して重量物を持ち上げます。
・安全管理者（セーフティー）
　現場全体の安全管理を行います。指揮者との兼任も可能です。
・制動員（ブレーキマン）
　状況により配置し、重量物の横滑りをバール等にて抑制します。

写真4−38　各役割の配置状況

## 7 実施要領（例）

　クリビングの実施要領は現場の環境、例えば天候、重量物の材質、重さ、形状等、活動スペース、活動人員、現場に持ち込める資器材の種類等により大きく変化します。そのような点も含めて、現場をしっかりと評価した後に、その現場に適した方法を選定することになります。
　ここでは、活動の一例として板状のコンクリートを片面ずつバールで持ち上げる方法を紹介します。なお、この例でのウェッジ、シムの呼称は高さ調整に使用するものをウェッジ、隙間埋めに使用するものをシムとしています。

### (1) ウェッジの挿入

　まず片面を持ち上げていきます。この際にクリバーはウェッジの側面を持ち重量物に手を挟まれることを防止します。ウェッジと重量物との隙間が極力生まれないように徐々に挿入していきます。

写真4－39　ウェッジの挿入

### (2) 1段目のクリブの挿入

　ウェッジの約8割が挿入されたら、ウェッジの下に2×4クリブを追加して更に持ち上げていきます。この際に、下の2×4クリブは動かさずにウェッジのみを持ち上げに合わせて挿入していきます。そして、ウェッジの約8割が挿入されたら次に下に敷いている2×4クリブを4×4クリブに変更し、持ち上げを一旦停止します。そして、反対側も同様の方法で同じ高さまで持ち上げます。これで1段目の完成です。

写真4－40　クリブ上へのウェッジの挿入

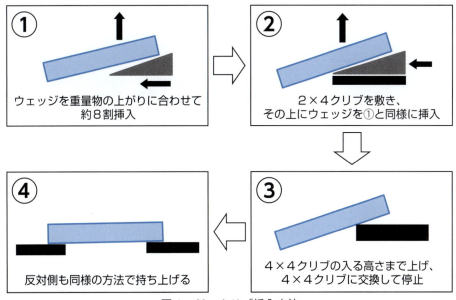

図4-20　クリブ挿入方法

### (3) 2段目のクリブ挿入

2段目は、クリブを常に重量物に対して縦に挿入するために、クリビングボックスを90°回転させる組み換えという方法と、組み換えをせず重量物に対して横にクリブを挿入していく方法があります。

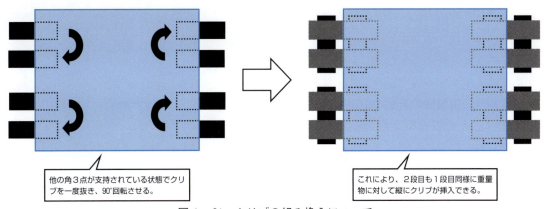

図4-21　クリブの組み換えについて

重量物に傾斜が生まれることで重量物が横に滑ろうとする力が発生します。その際にクリブの組み換えを実施して重量物に対して常に縦にクリブを挿入することで、横に滑ろうとする力をしっかりと受け止めることができます。

クリブを組み換える際には、一度組み換える箇所のクリブを抜いて、回転させた後に再度クリブを挿入するので、クリブが入っていない時間が生まれます。そのためクリブの組み換えを実施する際は、組み換える箇所を除いた他の角が全て支持されている3点支持の状態を作り、リスク

を極力軽減します。

クリブの組み換えを実施せず重量物に対して横にクリブを挿入する場合で、重量物が横に滑ろうとする力が発生した際は、縦にクリブを挿入するよりもクリブが転がろうとする力の影響を受けやすくなります。

クリビングは重量物の片側のみを過度に持ち上げていくと傾斜角が大きくなり、重量物が横に滑ろうとする力も大きくなるので、片側を1段ずつ交互に持ち上げ傾斜角の増加を抑制し、また先述したクリビングボックスの安定範囲内でしっかりと荷重を受けることが重要となります。

重量物に対して横に挿入するクリブの操作は、重量物の下部に手が入りやすいため、重量物が落下した際に負傷するおそれがあります。そのため、ウェッジや小バール等を使って操作することでより安全に活動できます。

写真4－41　クリブの転がり危険

写真4－42　ウェッジを使用したクリブの挿入

(4) 安定化作業

クリブの組み換えは、前述の方法で重量物に対してクリブの挿入、クリブの組み換えを必要な高さまで繰り返します。

最後にクリビング全体を確認し、小さな隙間があれば2×4シム等で埋めて、クリビング全体に均等に重量物の荷重が掛かるように調整します。その際に隙間埋めのシムを小バール等で強く打ち込んでしまうと、その箇所に過剰に荷重が掛かり、他の箇所の荷重が抜けてしまうことがありますので、隙間埋めは手で荷重を感じる程度に軽く押し込むようにします。

写真4－43　3段積クリブで安定化した状況

(5) 重量物を下ろす場合

重量物を持ち上げる場合には、ウェッジは挿入していくので、重量物との隙間はできる限り詰めることができます。逆に重量物を地面に下ろす場合には、ウェッジは徐々に抜いていくことになります。そのときに、重量物との隙間を詰めすぎてしまうと重量物の荷重がウェッジに掛かりやすく、ウェッジが抜けなくなってしまいます。このようなことが頻繁に発生しないように、か

つ、重量物との隙間が大きくなりすぎないように、重量物を下ろす場合には重量物とクリブとの隙間は1インチ（約2.5cm）以内を保ち実施していきます。

### 8 その他

実際の現場では、クリビングを実施する地面にも瓦礫が堆積していたり、地面に傾斜が付いている場合が多くあります。また、大きな瓦礫が障害となり、活動スペースが狭くなっている場合も考えられます。そのため、徒手で動かすことのできる瓦礫は移動して地面をできるだけ平らにして、さらに必要に応じてウェッジ等を使用して傾斜の調整を行います。

狭い空間でのクリビングでは、活動隊員の緊急時の退路をクリブ等で塞いでしまわないよう、資器材を置く位置や渡し方にも特に注意を払う必要があります。

また、クリブの組み換えや挿入方法の選択は、地面の状況や活動スペース、重量物の形状等、現場の環境を考慮して適切な方法を選択する必要があります。

写真4-44　瓦礫上でのクリビング

写真4-45　狭い空間でのクリビング作業

# 4 ムービング

### 1 ムービングとは

建物が倒壊すると壊れた外壁等の重量物が開口部を塞ぎ、内部への進入が困難になる場合があります。そのような場合に、重量物を移動させて排除し、有効な開口部を確保することをムービングといいます。牽引用の資器材や重機を使用したムービングも可能ですが、現場までの徒歩による長距離移動や活動範囲の制限等で大きな資器材が持ち込めない場合には、バールによる用手でのムービングを行います。ここでは、用手によるムービングの方法を説明します。

写真4-46　単管パイプを活用したムービング

## 2 使用資器材

(1) バール

クリビングで使用したバールと同様に、強度の高いピンチバール等を使用します。

(2) クリブ

重量物の下部に単管パイプを敷く場合、クリビングの要領で重量物を持ち上げる際に使用します。また、レールの固定や単管パイプのブレーキにウェッジやシムを使用する場合もあります。

(3) レール

切り出したままの状態のような長い2×4や4×4の角材を、単管パイプを効率的に転がすために下に敷くレールとして使用します。

写真4-47　使用資器材

(4) 単管パイプ

重量物の下部に敷くことで、摩擦を軽減し比較的小さな力で重量物を移動することが可能になります。

## 3 役割分担

・指揮者（インシデント・コマンダー）
　活動の指揮を執ります。
・実施隊員（ムーバー）
　バールを使用して移動の操作を行います。なお、バールの使用方法はクリビングと同様で、35(4)（P.95）のようにてこ①〜③をうまく組み合わせて重量物を移動させていきます。
・安全管理者（セーフティー）
　現場全体の安全管理を行います。指揮者との兼任も可能です。

写真4-48　各役割の配置状況

・制動員（ブレーキマン）
　バールを使用して移動している重量物の制動を操作します。単管パイプ上や傾斜上を重量物が移動する際に、転がりすぎないように制動を掛けながら安全な速度で移動を実施できるようにコントロールします。

## 4 実施要領（例）

### (1) 単管パイプの設定方法

　重量物の下部に単管パイプを敷くことで、摩擦を軽減することができます。クリビングの要領で重量物を単管パイプが挿入できる程度持ち上げた後に、重量物の下部にレールとなるクリブや単管パイプを敷きます。なお、レールとして単管パイプの下部に敷くクリブについては、単管パイプの脱落防止のため末端は若干かぶせるようにします。

写真4-49　単管パイプがレールから脱落した様子

写真4-50　レールの敷き方（例）

#### ① 自然物の場合

　岩などの自然物のムービングの場合、凹凸が多く単管パイプの間に重量物が落ち込んでしまう可能性が高いため、単管パイプは進行方向に対して平行に設定し、単管パイプ上を滑らせて移動します。

　この際に、単管パイプが重量物の重さにより広がってしまうことを防止するために、単管パイプの外側からウェッジで広がり防止の処置を実施します。

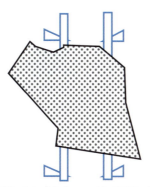

図4-22　単管パイプをウェッジで固定（広がり防止）

#### ② 人工物の場合

　コンクリート板等の人工物のムービングの場合、接地面の断面が平らで凹凸が少ないことが多く、自然物と比較して単管パイプの間に重量物が落ち込んでしまう可能性は低くなります。その

ため、進行方向に対して平行にクリブでレールを敷き、それに対して垂直に単管パイプを設定します。クリブを複数本使用する場合には、単管パイプが脱落してしまわないように末端が重なるように設定します。

　自然物の場合、単管パイプのレール上を滑らせて重量物を移動させていきますが、人工物の場合は単管パイプ自体が回転して重量物が移動していくため、比較的小さな力で重量物を移動させることができます。その分、移動の勢いが

写真4−51　単管パイプの設定状況

強くなってしまわないように、単管パイプに回転防止のシムを使用する等も含めてストッパーの役割がとても重要となってきます。

### (2) 単管パイプの調整、移動除去方法

　重量物を移動している際に、単管パイプの位置の微調整を行ったり、重量物が通過し終えた単管パイプを一度除去し、重量物の進行方向に再度設定する必要があります。

　単管パイプを手で移動させる場合、重量物の動線上に手を出したり、単管パイプを握りこんでしまうと手が重量物に潰されたり、指を挟んで受傷するおそれがあるため、重量物の動線外の位置で手のひらで単管パイプを操作します。

　また、応用として小さなバールがある場合

写真4−52　小さなバールによる単管パイプ操作

は、バールの先端を利用することで、より安全に単管パイプの操作が可能になります。

## ❺ 転がしによるムービング（例）

　サイコロ状の立方体の重量物を短距離間、ムービングにより排除したい場合に、クリビングの技術とムービングの技術を活用して、重量物をサイコロを振るように転がして移動させる方法があります。そうすることで、一度重量物を持ち上げて単管パイプ等のレールに乗せる必要がなくなり、資器材点数の軽減、ムービングに関わる活動時間の削減につながります。また、重量物を持ち上げた場合には持ち上げた揚程分は落下するリスクが発生しますが、重量物を牽引したり、転がすことで移動可能であれば

写真4−53　重量物を転がしている様子

持ち上げるという方法に比べて落下するというリスクを少なく抑えることができます。

しかし、重量物を転がす場合には、前半と後半で力の作用が変化します。前半は重量物の1角を軸にして持ち上げる作用、後半は重量物が地面に向かって転がろうとする力をコントロールし、重量物を下ろす作用となります。そのため、重量物の重心をしっかりと見極め、どの段階から荷重が逆方向に切り替わるかを正確に判断する必要があります。

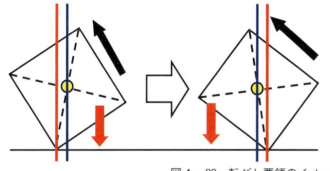

重量物を右側から持ち上げた際に、転倒支点（赤線）の右側に重心（青線）がある場合は、重量物は右に転がり（赤矢印）、更に持ち上げ、重心が転倒支点を通過すると、逆に左に転がろうとする。

図4-23　転がし要領のイメージ図

## 6 その他

重量物の移動には様々な方法があり、例えば、重量物が積み重なっているような現場では、上の重量物を持ち上げてその下の重量物を転がしの要領で回転させるような方法も考えられます。また、重量物が移動できないくらい重たい場合には、はつることで軽量化し、移動可能な重量にするといったことも考えられます。

救助に必要な様々な手技を組み合わせ、持ち込める資器材、人員、活動環境を加味し、できるだけ安全に迅速な救出活動につながるようにその現場に適した方法を判断していくことが重要になります。

写真4-54　重量物の重なり

写真4-55　下部重量物の移動

## マメ知識　経口からの水分補給

社会医療法人緑泉会　米盛病院　外科部長
畑　倫明

　閉鎖空間に閉じ込められている要救助者に「経口からの水分補給は是か非か」という問題は、実は誰も確かなことを言えないのが現状です。かつて私が活動した国際緊急援助隊（JDR）救助チームの最新のガイドラインでも、要救助者に対する経口からの水分補給に関しては、「水分を与える際は嘔吐誤嚥のリスクに注意する。」という一文以外に詳細な記述はありません。にもかかわらず、私たち医療者が救助チームと共に訓練し活動する現場でいつも救助隊員の皆さんに質問されるのがこの問題なのです。そして、その答えはいつも「ケースバイケースですねぇ」という中途半端な回答でした。救助隊員の皆さんが本当に聞きたいのは、「どのようにケースバイケースなのか？」ということだと思います。表4－1に示したのは、要救助者の意識レベルと挟まれ状況の関係です。要救助者の状態によって経口からの水分補給が可能かどうかを示しました。この表にある「○」と「×」の状況なら、誰も異論を唱える人はいないでしょう。「○」の典型例は、2010年に発生したチリの鉱山落盤事故です。閉鎖空間に閉じ込められた要救助者33人は69日もの間、鉱山内部に閉じ込められましたが、全員無事に救出されました。このときは、地上と閉鎖空間の間に開けられた細い穴を通して、水や食料が供給され続けた結果、全員無事に救出されたのです。2018年に起きたタイの少年たちが洞窟の中に閉じ込められた事例もこれに当たります。しかし、我々にとっての問題は表4－1の「？」の部分なのです。意識清明な要救助者が挟まれ状況にある場合、ここが「？」なのです。では、なぜ「？」なのでしょうか。それは、要救助者の置かれた状況が『多種多様』であり、しかも、要救助者の容態が『変化』するからです。

表4－1　要救助者に経口からの水分補給が可能か？

| | 意識障害（－） | 意識障害（＋） |
|---|---|---|
| 挟まれ状況（－） | ○ | × |
| 挟まれ状況（＋） | ？ | × |

　挟まれ状況にある要救助者が救出されるまでの容態の変化と時間経過を概念図（図4－24）で示してみました。①～③は異なる挟まれ状況にあった要救助者だと思ってください。挟まれている部位が少なく時間経過も短ければ、①のように除圧後もほとんどバイタルは変化しないでしょう。一方、体の大部分を長時間挟まれているような場合は③のように除圧後に急激に要救助者の容態は悪化し、不幸な転帰となるかもしれません。②も同様に除圧後に容態が悪化しますが、救出まで何とか生命を維持でき、救出直後の医療介入によって改善しているケースを概念的に表しました。これは要救助者の個々の状況を単純化した内容です。単純化した内容を概念的に表すことは可能ですが、実際には要救助者の状態はあまりに多種多様であり、除圧から何分後に容態が悪化するか正確に予測することは極めて困難です。そして、問題は図4－24の中にある「？」の部分なのです。

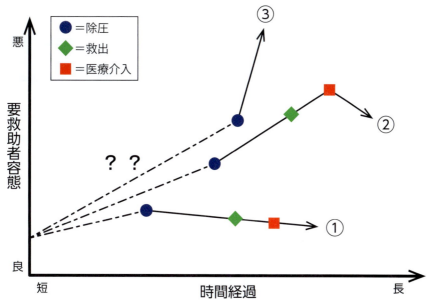
図4-24 挟まれ状況にある要救助者の救出までの経過（概念図）

　要救助者の容態に関与する条件はあまりに多種多様です。以下に、要救助者の容態を左右する要因を列記してみました。
1) 環境側の要因
　① 挟まれている部位・強さ・時間
　② 挟まれている体位
　③ 現場の気温や湿度
　④ 除圧までに掛かる時間
　⑤ 除圧から救出までの時間
　⑥ 医療の関与
2) 要救助者側の要因
　① 要救助者の年齢・性別・体型
　② 要救助者の持病
　③ 要救助者の体温
　④ 要救助者の精神状態
　⑤ 挟まれ状況以外の損傷

　これらのこと全てが関わっていると考えると、組み合わせは無限にあることが分かります。我々はどうしたらよいのでしょうか？
　もう一つ、経口からの水分補給に関して考慮すべきことがあります。経口からの水分補給で本当に水分が血管内に吸収されるかどうかという問題です。水分は主に腸で吸収されます。お腹に重量物が載っていたら、経口摂取をしてよいでしょうか？　ずっと仰臥位や頭低位のままだったら、胃から腸へ水分は流れていくでしょうか？　水分が血管内に取り込まれるまで何分くらい掛かるでしょうか？　なかなか予想できません。さらに、輸液や我々の大好きな生ビールとは違って、単なる水は一気に大量摂取は難しいのです。嘔吐の心配があるので、ゆっくり飲まざるを得ないのです。

経口からの水分補給をしてよい要救助者の基準はなかなか決められないですが、経口からの水分補給をやめた方がよい要救助者の条件は挙げることができます。以下に、挙げてみました。

①　腹部に重量物が載っている場合や腹部まで土砂で埋まっているような場合は、腸閉塞の可能性があるため不可。

②　要救助者が嘔吐した場合に直ちに対応が取れない場合は不可（頸髄損傷や頭部挟まれ事案などの一部）。

③　救出までの時間が短い場合は水分吸収が間に合わず、リスクが上がるだけなので不可。

　今のところ確実に言えるのは、意識清明で救出まで長時間掛かり、なおかつ腸閉塞の危険のない要救助者に対して、嘔吐の際の対応が取れる場合に限って、経口からの水分補給は可ということでしょうか。なお、水分はやはりミネラルウォーターがいいでしょうね。スポーツドリンクや経口補水液などの経口水分補給剤は吸収が早いかもしれませんが、カリウムが大量に含まれていることから、お勧めできません。

　最後に最も確実な方法は「医療チームに相談する」ことです。皆さん、救助隊員と医療者は仲間です。しっかりコミュニケーションを取りましょう！

〈参考・引用文献〉

・消防庁国民保護・防災部参事官付：平成22年度　救助技術の高度化等検討会報告書　平成23年３月

# 第5章
# 震災時における家族（遺族）対応

　本章では、震災時における家族対応について、DMORTの活動紹介と併せ、解説します。重要なことですが、今日まで特に触れられる（解説される）ことがなかった「震災時の現場において要救助者が死亡していた場合で、他の救助現場へ移動しなければならない場合」の家族対応についても解説します。心に関わる部分が大きい分野ですので、はっきりとした回答は示しにくいのですが、DMORTの活動を理解することで家族対応の重要性を理解することができ、消防隊に必要な現場での対応が自然と見えてくるのです。

## 1　DMORTの活動

### ❶ DMORTが必要となった背景

#### ⑴　DMORTとは

　DMORT（ディモート）はDisaster Mortuary Operational Response Teamの略語です。当初は「災害時遺族・遺体対応派遣チーム」と訳していましたが、この名称には問題があることが指摘され、現在は「災害死亡者家族支援チーム」としています。行方不明者の家族は遺族と呼んでいいのか微妙な問題であり、遺族・遺体という言葉を避けました。

　DMORTは米国で発足した災害時に活動するチームであり、米国の災害医療システムの中ではDMATなどと並んで位置付けられています。我が国のDMORTは米国を参考にして活動形態を検討してきましたが、個人識別に関しては我が国と事情が大きく異なるため、このままでは我が国に導入できないことが判明して、現在は災害で亡くなった方の家族支援を主体にして、災害直後からの現場活動を目指しています。まだ、DMATほど一般市民の認知度は高くありませんが、災害医療関係者の間ではほぼ認知されており、警察、消防関係者、歯科医師会、行政からもその必要性が注目されるようになってきました。

#### ⑵　我が国の災害医療発展の中で

　我が国は自然災害の多い国であり、災害対策の制度は大きな災害を経験するたびに整えられてきました。現在の災害医療システムの整備が始まったのは、阪神・淡路大震災（1995年）からであり、主な整備は、広域災害救急医療情報システム（EMIS）の整備、災害拠点病院の整備、トリアージ・タッグ規格の国内統一、ヘリコプター搬送の日常化、広域搬送の整備、災害派遣医療

チーム（DMAT）の整備などです。

阪神・淡路大震災から10年後（2005年）に同じ地域で発生した大規模災害であるJR福知山線脱線事故で、この10年間の成果が問われることとなりました。

### (3) JR福知山線脱線事故の評価

2005年4月25日に発生したJR福知山線脱線事故は死亡者107人、負傷者562人という我が国でもまれに見る大規模交通災害となりました。DMAT発足直前でしたが、多数のドクターカーが短時間のうちに現場へ参集しました。その頃訓練が始まっていたCSM（瓦礫の下の医療）が現場で実施され、ヘリコプター搬送が効率的に行われました。これらと並んで重要なことは、災害現場で系統的にトリアージが実施されたことです。災害現場で数百人規模のトリアージが実施されたのは我が国で初めてと考えられます。このトリアージに関連して、更に特筆すべきことは現場で黒タッグが使用されたことです。正確な使用数は不明ですが、後の調査で少なくとも74枚の黒タッグが使用されたことは確認されています。黒タッグをこれほど現場で多数使用したのは私たちが初めて経験したことでした。

これらの活動結果は日本集団災害医学会（現：日本災害医学会）尼崎JR脱線事故特別調査委員会から「JR福知山線脱線事故に対する医療救護活動について」として報告書が出されました。この中で「黒タッグが付けられた犠牲者は1名も医療機関に搬送されず、病院の混乱を防ぐのに役立った」と述べられており、CPAの搬送を避けることで赤タッグの搬送を効率的に実施、受入側病院の混乱も防ぐことができたとされ、その結果は災害医療関係者からは高く評価されました。

### (4) これまで見落とされていたこと

この対応に問題が残されていることが判明したのは、第11回日本集団災害医学会（2006年2月）においてJR事故遺族のケアを行っている心療内科医（神戸赤十字病院　村上典子部長）から発表された内容からです。黒タッグの遺族は、黒と判定されたことを受け入れておらず、そのことが診療経過にも影響を与えているというものでした。黒トリアージにより効率的な災害医療が行われたと考えていた救急医には衝撃的な内容でした。その後の調査でも遺族の間には、「本当に黒だったのか、赤だったのではないか」、「本当に救命できなかったのか」、「どんな状況で誰が判断したのか」、「最後は苦しまなかったのか」など多くの疑問を長く残していることが

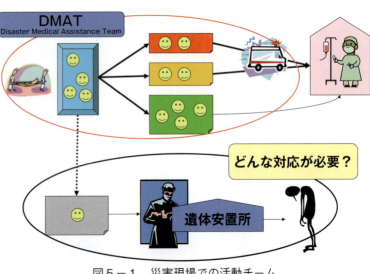

図5-1　災害現場での活動チーム

判明しました。

　これまでの災害医療は救命を目標にそのシステムが構築されており、DMATに代表されるように、救命のための体制は着実に整備されてきました。しかし、大災害では避けて通れない死亡者の発生という事態には、医療者として眼を向けていませんでした。死亡者やその家族という視点が、災害医療の中で忘れられていたためです（図5－1）。このような視点から2006年10月に日本DMORT研究会（代表：吉永和正）が発足しました。

## ❷ DMORTが目指しているもの

### (1) 研究会の立ち上げ

#### ① 米国のDMORT

　研究会を立ち上げた後、2007年2月から講演会を中心とした勉強会を始め、その中で米国のDMORTがどのようなものであるかを学びました。

　米国のDMORTは、航空機事故で亡くなった人々の家族が「個人は受けるべきサービスや支援を受けていない」と連邦政府へ訴えたことで、1996年に成立した家族支援法（Family Assistance Act）を根拠に活動が始まりました。当初は交通災害を対象としていましたが、その後災害全般に広げられました。現在はDMATなどと並んでNational Disaster Medical System（NDMS）の中に位置付けられています。

　米国を10のブロックに分けて、それぞれの地域で登録者があり、チーム編成が可能となっています。活動内容はその構成員を見れば明らかですが、個人識別、身元確認などを行う専門家のグループによる活動と、家族支援を中心に行う職種のグループによる活動です。このような2つのグループからなっていることは、米国DMORTのロゴにも示されています（図5－2）。上段左に示された天秤は司法のシンボル、蛇が巻き付いた杖は医療のシンボルであり、この2つを合わせて科学捜査を表しています。上段右には鳩が示されていますが、犠牲者と家族、葬儀関係者を表しており、その2つの役割がよく分かります。

図5－2　米国DMORTロゴ

#### ② 我が国のDMORTの在り方

　我が国の災害死亡者対応はどのようになっているかをみると、身元確認、個人識別は警察の業務であり、特別なチームを必要とはしていません。しかし、そこにやってくる家族の支援体制はほとんど制度化されておらず、支援者も不明で家族は非常に不安定な状況におかれているといえます。一方で、この時期から支援を求めている家族がいることはこれまでの報告からも明らかであり、この部分に我が国でのDMORTの

図5－3　日本DMORTロゴ

必要性があると考えられます。したがって、日本型DMORTは個人識別（警察）との連携は保つものの業務の中心は家族支援である、という結論に達しました。私たちのロゴを図5－3に示しますが、中心は医療を表しています。

### ③ 日本型DMORTが目指す役割

厚生労働科学研究、JR福知山線脱線事故遺族との面談などを通じてDMORTに求められる役割は3つあると結論付けました（図5－4）。

第1は、現場DMORT活動です。災害現場に出向いてできるだけ早期から家族（遺族）支援を行います。遺族対応というのは心的負担の大きな活動であり、救援者の心的支援活動も同時に考えておかなければなりません。このような状況に対応するために「DMORT家族（遺族）支援マニュアル」「災害支援者メンタルヘルス・マニュアル」という2つのマニュアルが作られました。

**現場DMORT**
災害現場での家族（遺族）支援
（救援者の心的支援活動）

**長期の遺族支援**
専門家・組織のネットワーク作り

**啓発・研修活動**
黒タッグの扱い、メンバー養成研修会

図5－4　日本DMORTの役割

第2は、長期の遺族支援です。DMORTが長期にわたって支援し続けるわけではなく、長期支援の可能な専門家や組織への橋渡しを援助することです。

第3は、啓発・研修活動です。我が国のDMORTは黒タッグが抱える問題から発生したといえるので、黒タッグに関する啓発活動は重要です。また、現場で活動できる人材育成も必要で、そのための研修活動も行わなければなりません。

この3つの役割は、災害サイクルの中で考えると、現場DMORT、長期の遺族支援、啓発・研修活動、それぞれのフェーズに対応しているといえます（図5－5）。現場DMORTはresponseであり、長期の遺族支援はrecovery～mitigation、啓発・研修活動はpreparednessに相当します。DMORTは災害サイクルの中でもいろいろな役割を果たすと考えられます。

図5－5　災害サイクルと日本DMORT

## ⑵ 大規模災害訓練への参加とその成果

　日本DMORT研究会は2008年8月以降、多くの大規模災害訓練に参加してきました。それまでの多くの訓練では黒タッグ対応はトリアージ段階で終わっていましたが、死亡者の家族対応を訓練の中に取り入れることでDMORT対応の必要性のアピールと同時に、対応上の問題点の検討も行ってきました。

　2009年11月の兵庫県国民保護共同実動訓練では、兵庫県警との連携で家族対応の訓練が行われ、警察との連携はDMORT対応の現実性を高めるためには必須の条件と考えられるようになりました。

　2010年10月には中部国際空港訓練に参加しましたが、この訓練にはその後毎年参加しています。訓練へ継続参加することで、DMORT対応の改善を積み重ねることができ、活動内容が現実的なものとなりました。また、地元メンバーが繰り返し参加することで、DMORT活動を主導できるメンバーが育ってきたことも大きな成果です。

　さらに、中部国際空港訓練をモデルとした「DMORT訓練マニュアルver. 1」が日本集団災害医学会から公表され、今後の訓練に役立つことが期待されます（https://jadm.or.jp/）。

## ⑶ 人材育成

　大規模災害訓練に繰り返し参加する中で人材育成の必要性が指摘されてきました。そこで2010年9月から「DMORT養成研修会」を開始しました。9：00〜17：00の1日コースで、午前中は情報伝達を主体に行い、午後は実際の現場を想定したシナリオに基づくロールプレイを行います（表5−1）。これまで21回の研修会を開催し637人が修了しました。職種の内訳では約5割が看護師、約2割が医師、残りは救急救命士、心理士、ロジスティクス担当者など多彩です。

　研修会は主に災害医療関係者を対象として開催してきましたが、行政職員などから広いニーズがあることが判明しており、災害に関わる多くの職種への啓発を今後検討していかなければなりません。

表5−1　DMORT養成研修会プログラム

| 導入（あいさつ、自己紹介） | | 40分 |
|---|---|---|
| DMORTの概要 | | 30分 |
| DMORTが連携する組織について | | |
| | DMATについて | 75分 |
| | 消防・救急隊について | |
| | 警察の活動について | |
| | 遺体検案について | |
| | 日赤救護班について | |
| 災害急性期の心理反応と遺族心理の実際（長期遺族支援まで） | | 45分 |
| 昼食 | | 60分 |
| 救援者のメンタルヘルス | | 20分 |
| ロールプレイ導入 | | 15分 |
| ロールプレイ | | 140分 |
| まとめ・全体討論 | | 15分 |
| （途中で適宜休憩） | | 40分 |
| 懇親会 | | |

## ⑷ 実際の災害での活動

### ① ニュージーランド地震

　DMORT関係者が初めて災害現場で実際に活動したのは、2011年2月に発生したニュージーラ

ンド地震といわれています。留学先の建物の崩壊で日本人は28人が犠牲となりました。身元確認に時間を要し、現地で待機する家族の支援に入ったメンバーの中には日本DMORT研究会の主要メンバーも含まれていました。研究会からの派遣ではありませんが、DMORTが目指す支援が必要であり、かつ、有効なことが確認されました。重要な成果が得られましたが、その直後に発生した東日本大震災では、あまり注目を集めることはありませんでした。

#### ② 東日本大震災

東日本大震災では研究会の主要メンバーをはじめ、研修会修了者が現地でそれぞれの活動を行いました。現場からはDMORTの派遣はないのかとの意見が聞かれましたが、この時点では組織的派遣の準備はできていませんでした。ただ、研究会が作った2つのマニュアルについては希望する意見が多数あったので、研究会のホームページを開設して医療関係者のみならず、行政職員などにも役立つ形に改変したものを公開しました。

#### ③ 伊豆大島土石流災害

研究会として初めてメンバーを実災害に派遣したのは2013年10月の伊豆大島土石流災害です。看護師2人、調整員1人を派遣しました。このときは警察との事前協定もなく遺体安置所での活動はできませんでしたが、町役場職員と遺族対応に当たりました。このときにもDMORT対応のニーズがあること、これまで想定してきたDMORT活動が有用であることが確認されました。

#### ④ 熊本地震

警察との連携で遺体安置所へメンバーを派遣できたのは、2016年4月の熊本地震です。兵庫県警被害者支援室から熊本県警へ連絡を取ってもらい、研究会メンバーの看護師1人、調整員1人を遺体安置所へ派遣しました。熊本県警と連携して延べ17家族の支援に当たりました。その活動は県警からも高く評価され、後に熊本県警本部長からの感謝状につながりました。2016年7月14日付けの感謝状は、これまで行ってきたDMORT活動が初めて公的機関によって認知されたことを意味しており、大きな進歩となりました。

### ⑸ 研究会の法人化

これまで日本DMORT研究会という任意団体で活動してきましたが、この活動には限界がありました。任意団体では公的機関が実施する訓練への参加も困難であり、様々な協定締結の対象団体とはなり得ません。また、「研究会」という名称で災害現場へ入ったときには、現場に拒否反応が起こることもありました。このような状況を踏まえて、研究会を法人化することを検討し、2017年7月14日に「一般社団法人　日本DMORT」として新たに発足しました。法人の詳細はホームページで確認してください（http://dmort.jp/）。

法人化したことで公的機関との連携が取りやすくなりました。2017年11月15日に兵庫県被害者支援連絡協議会の会員となり、2018年1月30日には兵庫県警と「災害等発生時における死亡者家族支援に関する協定」を締結しました。兵庫県内においては今後DMORT活動における警察との連携は問題なく行われると考えます。今後はこのような事前協定を全国の警察に拡げていき、全国どこでも直ちに活動できる体制を構築していきたいと考えています。

2 家族（遺族）対応の実際 *113*

# 2 家族（遺族）対応の実際

## ① 急性期の家族・遺族心理

### (1) 悲嘆反応とグリーフケアとは

　災害において、家族を突然喪った遺族の心の傷は深く、時には強い怒りや攻撃性を救援者に向ける可能性もありますので、災害時の家族（遺族）の心理について、あらかじめ知っておくことは重要です。悲嘆反応とは、親しい人や大切なものを喪失したときに起こる、様々な心理的、身体的、社会的な反応のことです。通常、以下のようなプロセスをたどります。

ア　ショック、感覚鈍麻、呆然自失：頭が真っ白になる。現実感がなく、かえって冷静に見える。
イ　事実の否認：喪失した事実を認められない、認めたくない。
ウ　怒り：時には第三者に八つ当たり的に向けられる。
エ　起こり得ないことを夢想し、願う：奇跡を願うような気持ち。
オ　後悔、自責：「あのとき○○していれば……」など、自分を責める。
カ　事実に直面し、落ち込み、悲しむ：喪失が現実感を伴って実感できる。深い絶望感。
キ　事実を受け入れる：諦める。
ク　再適応：故人のいない環境に適応していく。

　これら悲嘆反応は、順番どおりに現れてくるとは限らず、ある反応だけが強く出る場合もあります。また行ったり来たりを繰り返していくこともあります。グリーフケア（死別悲嘆ケア）とは、このように遺族がたどっていく悲嘆のプロセス（グリーフワーク）をサポートすることといえます。

### (2) 急性期の遺族によく見られる心理状態

#### ① 悲しみ

　表現の形は人によって異なります。必ずしも「泣き叫ぶ」といった行動を伴っているとは限らず、静かな悲しみもあります。

#### ② 怒り

　死別の状況に対する理不尽さ（「なぜ死ななければならなかったのか」）、死に際して人為的な要素がある場合は加害者側への怒り、また自分を残していった故人に対する怒り（「どうして私を１人にしたのか」）など様々なものがあります。時には、激しい怒り（「（加害者を）殺してやりたい」）として表現されます。しかし、遺族自身も自分がこのような激しい怒りや憎しみの感情を持つことに困惑している場合もあります。また、周囲の人や第三者に対して怒りが向けられることもあり、家族同士で傷付けあったり、怒りが救援者に向けられることもあります。

#### ③ 感覚の麻痺

　一見冷静なように見えて、実は感覚が麻痺しているだけであり、後になると、そのときのことは覚えていないこともあります。

④ 罪悪感と自責感

　故人に対して、「生前もっとこうしてあげればよかった」とか、自分が助けられなかったことに対して罪悪感や自責感が生じることがあります。現実には不可能なことであり非合理的であっても、遺族は自分を責めずにはいられず、「自分を責める必要はない」「そうはいっても（助けるのは）無理なことだった」などの周囲の慰めは受け入れ難いこともあります。

⑤ 不安感

　ちょっとした不安から強いパニックの発作まで程度も様々です。故人が経済的あるいは心理的な支えであった場合、「その人なしでこれからどうしたらいいか分からない」という不安が生じます。また、死を実感したことで、自分自身や他の家族の死の不安が出現します。

⑥ 孤独感

　他の家族や友人がいても一人ぼっちだという感情が表れます。

⑦ 疲労感

　喪失のストレスからくる疲労だけでなく、死別後の様々な手続きなど、やらなければならないことがたくさんあり、物理的にも疲労が生じます。

⑧ 無力感

　死という圧倒的な出来事に直面し、自分は何もできないという無力感が生じます。

⑨ 思慕

　故人に対して、その存在を追い求め、会いたいと願う気持ちがあります。

⑩ 混乱や幻覚

　生き返らせたいとか、過去に戻って助けたい、あるいは故人の苦しむ姿などの故人についての考えにとらわれてしまう場合もあります。故人がまだ生きているように感じたり、その姿が見えたり声が聞こえるなどの幻覚が生じることもあります。

図5-6　急性期の遺族における心理状態

## ❷ 要救助者が死亡していた場合

　災害とは、「自然現象や人為的な原因によって、人命や社会生活に被害が生じる事態をさす。」と説明されています。地震などの自然災害や大事故の発生現場では、多くの人々の救援・救命活動により「命が助かる人」と残念ながら「大切な家族・尊い命を失う人（喪失・悲嘆）」、これらが同時にきます。思いがけない理不尽な出来事に遭遇し、突然家族から遺族となる方々に、我々DMORTが超急性期から関わることは重要なことだと考えます。さらに、災害発生直後に最先着する消防職員による「家族の心情を理解した対応」は特に重要です。

### (1) DMORTの役割

　DMORTの役割としては、1．災害現場での家族（遺族）支援活動、2．長期にわたる遺族支援（専門家・組織のネットワーク作り）、3．メンバー養成研修会の開催などの3つが挙げられます。

　DMORTの一員として、大切な家族が突然に亡くなり遺族となったとき、その家族（遺族）にどのように亡くなったことの事実を伝え、その心理的混乱状況下でどのように家族に接したらよいのでしょうか。すぐに特別な手助けができる状況ではなくとも、心情を理解し、寄り添うことが超急性期の重要なサポートになります。さらに、専門家として冷静に、犠牲者の方の多くの情報を事実として収集しておくことが、その後の対応に大きな効果を発揮する任務といえます。

　突然の悲しい・辛い出来事、極限状態での遺族対応は非常に難しいことです。災害多発国の日本であっても、そうそう経験するものではありません。したがって急性期の遺族心理や遺族を傷付ける可能性のある言葉など、家族（遺族）のこころを傷付けないためにも、模擬体験ができる研修や訓練が必須だと思います。日本DMORTで実際に行っている研修・訓練については章の最後に紹介します。

### (2) 現場の消防職員の対応　〜救出活動断念と家族への対応〜

　DMORTには3つの役割があると前述しましたが、現場の消防隊の役割（活動）は「災害現場での家族対応」が主となります。

　震災時や多数傷者が発生する大規模な特殊災害では、生命兆候が確認できない場合、迅速な救出が不可能な場合、社会通念上死亡と判断できる場合などは、救出活動を断念し、次の救助活動現場へ移動しなければなりません。実際に阪神・淡路大震災でも、医療関係者の方々がいう、超急性期よりも更に前の震災発生直

図5−7　救出活動断念と家族対応

後の状況では、あまりにも倒壊建物内での閉じ込め現場が多いため「様々な手法で呼び掛け、生命兆候としての反応があるか」又は「部分的にでも接触できる場合に生命兆候があるか」を判断し、ない場合には救出活動を断念し、次の現場へ向かう判断が必要となりました。

救出活動を断念しなければならない状況では、家族の心情を理解した上で生命兆候を確認できない状況を詳しく伝えなければなりません。そして、災害の状況や自分たちの活動方針（事前に決められたルール等）を分かりやすく丁寧に説明し、次の現場へ行かなければなりません。

## ❸ 救出活動中に死亡した場合

### ⑴ 救出中に消防隊が留意すること

「命を救う」ことを至上の目的としている消防職員にとって、救出活動中に要救助者が死亡することは大変ショッキングなことでしょう。ここでは、救出活動中に留意してほしいこと、その後の残された家族（遺族）のグリーフケアについて説明します。

救出活動中には、要救助者に励ましの声掛けをしながら活動していることと思います。「頑張れ」「気持ちをしっかり持て」「必ず助けるから！」などでしょう。しかし、要救助者の意識がだんだん遠のいていき、要救助者自身が「死」を覚悟して「もうだめかもしれない」などの弱気な発言をした際、それでも励ますこともももちろん重要ですが、「家族に〇〇と伝えてほしい」などの伝言を託す可能性もあるかもしれません。そんなとき、「あなたは助かるから、そんな弱気なことは言ってはいけない」などと言ってしまうと、要救助者はそれ以上この話ができなくなってしまいます。そのため、「分かった。伝言は確かに預かったよ（でも必ず助けるからね）。」などと言う方がいいでしょう。

筆者のJR福知山線脱線事故の遺族ケアの経験からも、多くの遺族は「（故人は）最期はどんな様子だったのか」「何か自分たち家族に言い残してくれてはいないか」という点を気にかけています。救出活動に当たる消防職員が、直接遺族に会うことは消防職員のメンタルヘルス上は難しいと思われますが、救出活動中にしか知り得ない情報を消防職員は持っています。上記の家族への伝言もそうですし、どのような様子で最期を迎えたのかは、可能な範囲で記録に残し、そうした情報を遺族が知りたいときには遺族に伝えてほしいと思います（もちろん、そういったことを知りたくない、聞きたくない、という遺族もいます。）。また、消防職員自身のメンタルヘルスという観点からは、「救出活動中の要救助者の死亡」は大変無念の思いが強く、無力感の大きいことでしょう。ですが、「要救助者の救出のために、結果はどうであれ、自身は最大限の努力を払ったのだ」という矜持を持ち、職務の重要性・誇りを見失わないようにしてほしいと思います。命を救うことはできなくても、「精一杯努力してくれた」と遺族が思えることはグリーフケアにつながります。

### ⑵ 救出活動を断念した際に消防隊が留意すること

家族対応としては、基本的には要救助者が死亡していた場合と同様です。しかし活動中に要救助者が死亡してしまった場合は、救出活動が始まり、消防隊にとっても家族にとっても「助けられるかもしれない」「助かるかもしれない」という強い気持ちの中で救出活動を断念し、次の現

場へ行くという辛い判断をしなければなりません。そのような判断は困難かもしれませんが、震災時などの数えきれないほどの救助活動現場が発生する状況では、生命兆候のない要救助者を搬出するために数時間、数十時間をその現場で費やすことはできないという場合があるのです。

　消防隊が留意するべきこととしては、繰り返しになりますが、家族の心情を理解した上で対応することです。過去の災害では、状況を説明し、他の現場へ移動しなければならないことを家族に伝えた際に「人殺し！」と叫ばれ、石を投げら

図5－8　現場移動に必要な家族の理解

れたという話があります。このような場合にも、先に説明した家族の心情をよく理解し、悲嘆反応から発せられた言葉であると認識し、家族への対応を行い、次の現場へ行かなければならないのです。これらのことを考えると、消防職員にとっても家族対応に関する訓練がとても重要だと思われます。章の終わりにDMORTの研修訓練の紹介と併せ、消防隊員向けのロールプレイング訓練の例を紹介しますので活用していただければと思います。

## ❹ 要救助者が行方不明の場合

　水害、土砂災害、地震、津波等の災害発生時は、一生懸命捜索したにもかかわらず、要救助者を発見することができない場合もあります。ここでは、行方不明者の家族への支援について述べます。

### (1) 行方不明者家族の現状

　2011年3月11日に発生した東日本大震災では、津波被害によって多くの方の遺体を発見することができませんでした。2018年9月1日現在、2,566人の方が行方不明の状態です。また、2014年9月27日に発生した御嶽山の噴火による行方不明者は5人です。家族らでつくる「山びこの会」は、噴火から3年を迎えようとする2017年9月21日に、行方不明者の捜索を小型無人機「ドローン」を使って行いました。防災白書や行政機関の発表においては、死者、行方不明者数とひとくくりにされることも多いですが、遺体が見つかっていない状態は、大切な人の「死」という人生最大のストレスが不確実な状態であるということです。

### (2) あいまいな喪失の理解

　大切な人が行方不明である場合、残された人が感じる喪失を「あいまいな喪失」といいます。「あいまいな喪失」はアメリカのミネソタ大学名誉教授のPauline Boss博士が提唱しています。
　災害発生の初期段階、家族は、行方不明者が生きていると信じ捜索活動を行います。しかし捜

索しても見つからない場合、家族は「生きているかもしれない」、「亡くなっているかもしれない」や「遺体を見つけたい」、「見つかってしまったら死を認めなければならない」と、全く正反対の感情を抱きます。また、同じ家族の間でも、生きていると信じて捜索し続けようとする人、亡くなったと考えるようにし人生を歩もうとする人等、考え方に相違が生じ、家族内で亀裂が生まれることもあります。死を受け入れることも家族にとってはストレスですが、死そのものが不確実な状況は、更に家族にストレスをもたらします。葬儀をするのかしないのか、死亡届、失踪宣告の提出の有無、家族の気持ちとは異なりローンの返済免除や災害補償を受けるためには、死亡届を提出せざるを得ないということもあります。

　行方不明者家族の場合は、現実的にはその人との別れを経験しているにもかかわらず、心理的に認めることが難しく、「1　急性期の家族・遺族心理」の反応が、凍結されてしまうこともあります。また、今後の生活の中で、行方不明者が担ってきた役割を他の人が代わって行うことができず、様々なことが先送りになってしまうことにもつながります。

### (3) 行方不明者家族への支援

　行方不明者の家族は、最も重大なことが不確実であるため、白黒はっきりつけることが困難です。急性期に関わる救援者は、まず行方不明者家族の気持ちに寄り添い、共感し、そして正しい情報提供をします。家族が行方不明であることによって起こる正反対の感情や、家族内での行方不明者に対する考え方の不一致等は、正常な反応であること、白黒つけようとするのではなく、家族間でお互いの気持ちを尊重しあうことが大切であることについて説明します。あいまいな喪失の最終的な到達目標は、問題の解決ではなく、あいまいさの中でも良い人生を送るということです。なお、「あいまいな喪失」についての支援のガイドラインがあります。詳細は参考・引用文献を参照してください。

## 3　黒タッグに関わる問題点と提案

　JR福知山線脱線事故の報告書「JR福知山線脱線事故に対する医療救護活動について」の中では「黒タッグは全て回収されなかった」と記載されており、救急医療関係者はそのように理解していましたが、後に県警に保管されていることが判明しました。黒タッグ自体が残されているものが64枚、検案写真に写っている黒タッグが26枚、そのうち重複が16枚あるため、74枚の黒タッグの存在が確認できました（図5-9）。これらの黒タッグの使用状況等を見直した結果、多くの問題点が残されていることが判明しました。

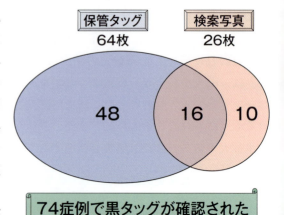

図5-9　確認された黒タッグ

## ① 黒タッグの意義

　トリアージは搬送や治療の優先度を決める目的で実施され、黒タッグは優先度が低いことを意味しています。JR福知山線脱線事故での黒タッグを見直すと、初期に現場活動した医師、看護師、救急救命士が使用したものと、保健所の医師が死亡確認を目的に使用したものの2種類あることが判明しました。前者のタッグはトリアージ本来の目的で優先度を判定するために使用されましたが、後者のタッグは初めから死亡を意味しており、現場で使用された黒タッグに2種類の概念があったといえます。

　このような混乱の背景を探るために、代表的な災害医療テキスト19冊の黒タッグに関する記述を調べたところ、その意義の記述が2つに分かれていることが判明しました。その2つとは、死亡又は救命不能としたものが58%、死亡としたものが42%でした。黒タッグに二通りの概念があることは学習者の混乱を招き、その結果は現場使用での混乱につながります。さらに、一般市民の誤解や遺族の不信を招くことになるので、概念を統一しておく必要があると思われます。

　トリアージは優先順位を決定する作業であること、並びに看護師、救急救命士も実施することを考慮すると、そこに死亡判断の要素を入れるべきではありません。黒タッグは「救命困難、搬送待機群」とすれば概念の混乱は避けられ、救命困難症例も人的余裕があれば救命処置の対象となり、搬送待機群も搬送に余力があれば病院搬送されます。黒タッグが決して切り捨て医療になっていないという認識が重要です（図5−10）。

　死亡例も黒タッグの対象となりますが、医師が死亡診断した場合は、そのことが明確に伝わるような記載の工夫が必要です。

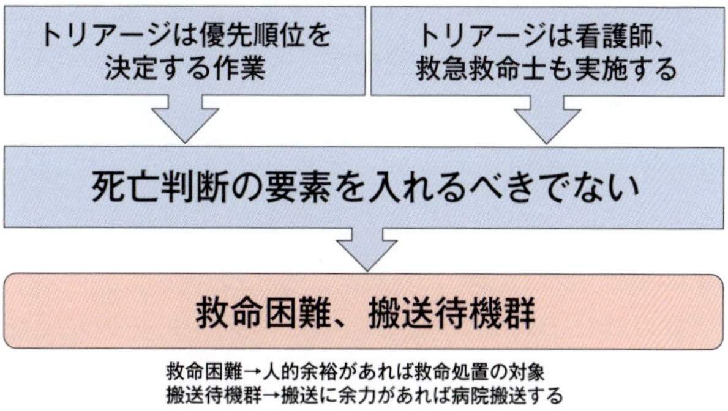

図5−10　黒タッグの概念はどうあるべきか

## ② 黒タッグ取扱いの問題点

　黒タッグを見直したときに、状況に関する記載はほとんど見られませんでした。現場で得られる受傷機転に関する情報、発見時の状況などは検案医師への医学的情報となり、家族には最期を伝える重要な情報となります。この情報を伝えることができるのは現場にいた者だけであり、それが記録されなければ「最期のメッセージ」は永遠に失われてしまいます。よって、状況に関する記載は、黒タッグを記載する者の重要な役割といえます。

　混乱した時間の限られた現場でタッグ記載に長時間を割く必要はありませんが、観察時刻、観察者の氏名、現場の状況だけであればそれほど時間を要するわけではありません。これだけの情報があれば、黒タッグが大きな役割を果たすことができます。

　検視・検案後の黒タッグを誰がどのように保管するかは、まだ統一した手順は示されていません。医療者側は医療情報と考えカルテに準ずる保管をイメージしますが、警察は捜査資料と見なし、家族は遺品と考えるなど検討の余地が残されています。

## ❸ 黒タッグ使用時の心的負担

黒判定をすることは心的負担を伴うであろうことは想像に難くありません。「黒判定を下したら心的負担が残るか」というアンケート調査が、阪神間の救急救命士を対象（2008年）、災害看護学会参加看護師を対象（2012年）、日本集団災害医学会参加者を対象（2014年）に行われましたが、いずれの場合も残るとするものが8割前後を占めました。

DMORTの現場活動が拡大して、どのような災害現場でも黒タッグの家族のフォローをDMORTが行うという体制ができれば、黒判定者の心的負担の軽減につながると思われます。DMORTは災害死亡者家族の支援を目的としていますが、このように周辺の災害医療関係者への波及効果も期待できるチームといえます。

## ❹ 震災時におけるトリアージ・タッグの活用

先述したように、震災直後から超急性期では、「生命兆候が確認できなければ救出活動を断念し、次の現場へ移動しなければならない」という判断も必要となります（P. 115参照）。その際に、口頭で要救助者の確認状況を家族に伝えるだけでは不明確な情報になり、時間とともに情報が変わってしまう可能性もあります。また、家族にとっては一生に一度の究極の判断であることから、詳細な説明が必要です。そこでトリアージ・タッグを活用し、要救助者の氏名等や状況を可能な限り詳細に記入し、「救命困難、搬出困難現場」として記録を取ります。そのトリアージ・タッグを現場の家族に渡すか否かについては検討の必要がありますが、その記録を持ち帰ることで消防力が増強された際や劣勢状況から回復した際に方針変更し、対応することが可能となります。

震災時における判断はトリアージ・タッグではなく、新しいタッグやシートを考案すべきだという意見も予想されますが、全国的に判断要素や使用方法などが定着しているトリアージ・タッグを使用するメリットは大きいと思われます。

## 4 警察との関わり

警察が災害死亡者に対してどのように対応するかを、十分に理解しておかなければなりません（図5-11）。

## ❶ 遺体の発見から家族への引き渡しまで

災害現場で発見された遺体はまず安置所に搬送されます。死亡に関する証明書（死体検案書）を交付できるのは医師のみですが、発見された人体が死亡しているかどうかを判断するのは医師である必要はありません。そのため、住民や捜索隊が死体と判断し遺体安置所に搬送する場合も多いのです。ただし、救急隊による搬送の都合上、死亡確認前の状態を「心肺停止」と呼ぶこともあります。

安置所では、まず警察による検視が実施されます。この際、遺体は裸にされ、身元確認のため

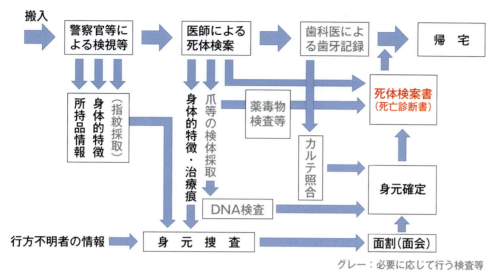

図5-11 安置所に運ばれてから家族の元へ帰るまで（大規模災害での検視・検案・身元確認）

に手掛かりとなる着衣、所持品、指紋その他の身体的特徴の調査及び必要に応じてDNA検査用の口腔粘膜あるいは爪の採取が行われます。検視が終了した後、医師による死体検案が行われます。警察の検視は身元と事件性の有無を調べることが中心となっているのに対し、死体検案は死因、受傷から死亡までの期間等の判断が中心となります。ただし、外表検査のみでは死因の判断は困難な場合も多く、事例によっては死後CTが利用される場合もあります。死体検案終了後、これも必要に応じて歯科医による歯の治療痕及び特徴の記載（デンタルチャートの作成）が行われます。遺体は、これらのプロセス終了後、家族に返されます。

## 2 事故や災害の種類と家族感情

多数の死亡者が発生する事態として考えられるのは、テロなどの無差別殺傷事件、航空機や列車事故、爆発事故などの突発重大事故及び大地震や大洪水などの大規模災害です。事件か事故か災害かによって家族感情に違いがあるとともに、警察にとっても捜査が異なります。残された家族にとって、医学的な死因を含め、死亡までのプロセスに対する疑問は、一般に事件や事故の家族の方が災害の家族より強く、詳細な調査を希望する場合も多いのです。

# 5 訓練・研修

DMORTで行っている養成研修、大規模災害訓練について紹介します。

## 1 実践的研修・訓練の紹介

(1) 養成研修

講義とシミュレーションで構成し1日研修としています。午前中は、DMORTの設立の経緯・

役割、ストレスなどについて講義を行います。午後からは、過去に発生した事例を基に提示されたシナリオで実践します。

① 受講生は事前にDMORT役（医師・看護師）、家族（遺族）やその関係者、遺体役などの役割について説明を受け、それぞれがロールプレイング（役割演技）に向け話し合います。
② 5分間のロールプレイングをし、この間終始演じている様子をビデオに収録します。
③ ビデオ鑑賞又は模擬体験学習からそれぞれ、役割ごとに感想を発表します。
④ 最後に質疑応答やデブリファーによるデブリーフィングを行います。

## (2) 大規模災害訓練

① 訓練会場に設営された遺体安置所に警察から駆け付けた家族（遺族）に対して状況説明をします。
② DMORTが家族に会い、DMORT医師から家族へ死亡理由などの説明を行います。その間、看護師はしっかりと家族に寄り添うようにします。
③ 訓練終了後には、参加された家族（遺族）の方々や我々DMORTメンバーと意見交換をしながら和やかな雰囲気で訓練を振り返ります。

　この研修・訓練はとてもデリケートな内容であるため、参加者が引きずることのないように、その場で振り返り検証するようにしています。

　突然遺族となった方は、「遺族」というくくりの中で生活をしなければならなくなり、一生忘れることはできません。故人（個人）の背景等を全く知らないままに初めて会う中で、残された家族にその後の人生に重大な影響を与える情報を伝えなくてはなりません。したがって、その人の人生の決定的な瞬間をDMORTは分かち合うことになります。しかし、多数の死者が発生するような現場では遺族に対応できる時間は非常に限られています。また、その遺体はあまりにも惨く、家族はその遺体と対面することになるのです。

### ～訓練後の家族（遺族）役をされた方の感想を紹介～

　「『親父どうした、親父返事をしろ』と言っても父は何も答えず、でも父の手は温かい。どうして、どうしてこんなことに。『残念ですが』と医師から死亡理由を教えてもらったがほとんど覚えていない。でも肩に置いていただいた医療者の手の温かさは忘れません。」というような感想が多く聞かれます。

　小西（2006）[3]は「何も答えられず、何も助けることができず、力づけることができないとき、それでも人が悩みを理解しようとして一緒にいてくれるだけで、人はひとりぼっちではない、と感じることができる。ともにいることは援助の最初の一歩であり、最後の砦である。」と述べています。

　遺族ケアの知識を持って対応することは、DMORTとしても先着する消防職員としても非常に重要なことです。初期接触での適切な対応と、遺族となった方々への養生法について理解して、関わることは必須なことなのです。

## 6 消防隊員向けロールプレイングシナリオ例

　危機的な状況にある家族への対応について、ロールプレイング（役割演技）を活用し訓練しておくことで、実際の場面に遭遇した際に、ある程度冷静に対応することができます。ロールプレイングでは、災害時の救援者と要救助者、それぞれの立場になったつもりで演じます。ロールプレイングが終わった後、救援者・要救助者役は、そのときどんな気持ちになったのかを共有しあい、受容、共感、コミュニケーション能力を高めていきます。

　ここでは、みなさんが家族・遺族対応について訓練する際のモデルシナリオを記載します。家族役である八櫛夫妻（老夫婦）の反応については、「[2] 1　急性期の家族・遺族心理」を参照してください。また、家族・遺族を支援する際のポイントを解説に記載しました。ロールプレイング終了後に確認してください。

　なお、DMORT隊員向けのロールプレイングについては、DMORTのホームページに「DMORT訓練マニュアル」が掲載されていますのでそちらをご覧ください（https://jadm.or.jp/contents/home/pdf/DMORT_manual.pdf）。

### 〈事例〉

　震度6強の地震が発生し、被災地域では多くの建物が倒壊し、逃げ遅れに関する救助要請が把握できないほどに入電している状況です。発災からの経過時間は4時間です。消防隊、救助隊、徒歩で活動している消防隊はそれぞれ分散して活動している状況です。あなたは消防隊でいくつかの現場で救助活動を行い、救助完了報告を本部に入れたところ、転戦の命令を受け、本現場に到着しました。

　現場に到着すると「ありがとうございます。」「よろしくお願いします。」と八櫛夫妻が少し興奮した状態で近づいてきました。状況を聞くと、息子夫婦の子供、ご本人たちからすると孫が遊びに来ており、完全に倒壊してしまった戸建住宅の1階のリビングで下敷きになっているとのことです。下敷きになっている場所は確実な情報とのことで救出の可能性を調査しますが、倒壊状況はひどく、救出には最低でも数時間が必要なことは明らかです。

　効率的に進入できるスペースがないか調査するのと同時にサイレントタイムなどを活用し、呼び掛けを慎重に行い調査するも生命兆候を確認することはできませんでした。何の進展もないまま30分が経過した状況です。

　隊長は本現場を救出困難現場と判断し、救助活動継続を断念することを決断しました。孫の安否を心配し、活動を見つめていた八櫛夫妻の対応を行ってください。

### 【ロールプレイング配役】

・救助隊長
・八櫛さん（おじいさん）　68歳（下敷きになっている男の子の祖父）
・八櫛さん（おばあさん）　67歳（下敷きになっている男の子の祖母）

### 〈ロールプレイングの解説〉

　前提条件として、捜索活動を開始するときに、途中経過についての説明が行われていたものとします。

124　第5章　震災時における家族（遺族）対応

　八櫛夫妻に話しかけるところからロールプレイングを開始します。現在の正確な情報を伝え、でき得る限りの手段を用いて、全力で救出活動に当たっていることを説明します。多くの人の一生懸命な救出活動は、家族のその後の死の受容の助けになることでしょう。八櫛夫妻の話に十分傾聴し、共感的な態度で接してください。

① 　隊長（家族対応者）は自己紹介（どのような立場であるのかを簡潔に説明）をしてください。
② 　八櫛夫妻に共感的な態度で接してください（ただし、「お気持ちは分かります、お察しいたします」等の安易な共感は、かえって不信感を招きます。また、家族が死を受けとめる前は、遺族や犠牲者という言葉は慎重に用いる必要があります。）。
③ 　現在の状況について、分かりやすく説明してください。また、会話の中できちんと相手の名前（八櫛さん）を呼ぶようにしてください。
④ 　家族への説明の際は、人によって受け取り方が異なるような言葉や専門用語は控えてください（厳しい、難しい、少しお待ちください等は、お互いの尺度の違いによって相違が生じる可能性があります。）。
⑤ 　自分たちでは救出が困難であることを説明する際には、現場の消防隊員個人の判断ではなく事前に決められた判断要素があることを説明してください。
⑥ 　震災時には多くの現場が発生し、救出が困難な場合は次の現場に行かなければならないルールになっていることを説明してください。
　　（⑤と⑥の説明は焦らずに行ってください。家族は⑤と⑥について到底受け止められるものではありません。状況によっては深く頭を下げ、理解を促すことも必要になります。）
⑦ 　応援隊が到着し、消防力が増えたら戻ってくると伝えます。
　　※ただし、できない約束は家族を苦しめてしまう結果になることも理解しておきましょう。
⑧ 　説明後は、家族の理解の状況を確認しつつ、質問の有無を尋ねます。
⑨ 　危機的な状況の説明のため、できるだけプライバシーに配慮するとともに、座って落ち着いて聞ける環境を作ります。
⑩ 　マスコミの取材から家族を守るように努めてください。

　このロールプレイングには正確な回答はありません。過去の震災では家族対応について、対応策が考えられていなかったため、現場の消防隊員個人の責任で家族対応が行われていました。その結果、多くの消防隊員が自分の判断に重い責任を背負い、長期的に苦しんでいる状況があります。家族の精神的負担を少しでも悪化させないように、そして、現場で活動する消防隊員が長期的な苦しみに苛まれないように可能な限りのルールづくりと家族対応に関する訓練が必要です。

## 〈参考・引用文献〉

1) 一般社団法人日本DMORT：家族（遺族）支援マニュアル
2) 一般社団法人日本DMORT：災害支援者メンタルヘルス・マニュアル
3) 小西聖子：犯罪被害者の心の傷．白水社．2006年
4) Pauline Boss著，中島聡美，石井千賀子監訳：あいまいな喪失とトラウマからの回復－家族とコミュニティのレジリエンス．誠信書房．2015年

# 第6章

## 惨事ストレス

### 1 惨事ストレスとは

「惨事ストレス」　この言葉は多くの消防士が「どこかで」聞いたことがあると思います。しかし、具体的に対応している人は少ないようです。私たち研究会も、消防士の惨事ストレスを研究し、献身的に消防士をサポートする活動を行っている松井豊氏、笹川真紀子氏と出会うまでは聞いたことのない言葉でした。

本章では松井氏らに10年以上の月日を掛けてご指導いただいた「消防士特有のストレスとストレス対策」について、解説します。

多くの消防士は「ストレスに負けてはならない。」「ストレスを受けていることを話してはならない。」「ストレスを感じている自分が弱いんだ。」……そういった考え方でストレスをため込み、自分の胸の中に封じ込めようとする場合が多いようです。大震災等で悲惨な状況や極度に悲しみを感じるような現場を経験すると、自分の気持ちだけでは対応できなくなってしまいます。まず、精神的なダメージを長く引きずらないように、そして、同時に仲間同士のサポートの重要性についても理解することで大きく環境は変わるのです。「惨事ストレス」と「ストレスケア」について、理解することが重要です。

#### ❶ 惨事ストレスとは

惨事ストレス（Critical Incident Stress）とは、通常の対処行動機制がうまく働かないような問題や脅威（惨事）に直面した人、惨事の様子を見聞きした人に起こるストレス反応と定義されます。惨事の例としては、自然災害や交通事故・火災などの人為的災害及び事故・暴力・レイプ・虐待などの暴力的行為が含まれます。つまり、消防士が出場する現場の多くは、惨事ストレスを受ける可能性がある現場なのです。

繰り返しになりますが私たち消防士は、常に惨事ストレスを受ける環境下にいます。では、惨事ストレスを受けると、精神的・身体的にどうなってしまうのでしょうか？

惨事ストレスの反応について説明します。

#### ❷ ストレス反応

惨事ストレス等のストレス反応には、不眠・食欲不振・暴飲暴食等様々な反応があります。惨事ストレスの特徴的な反応としては、現場での体験を思い出したくないにもかかわらず思い出してしまうフラッシュバック等があります。そのようなストレス反応が、更にストレスとなり、状

況を悪化させてしまう場合があります。以下に、ストレス反応の主な例を挙げます。

《主な精神的ストレス反応》
- うつ的反応……………「意欲が湧かない、楽しめない」「出来事の一部を覚えていない」
- 解　離…………………「ぼーっとして反応がない」「気持ちが落ち込んでいる」「集中力が低下する、考えがまとまらない」
- 過覚醒(覚醒亢進)……「イライラする、怒りっぽくなる」「神経が過敏になり、落ち着きがない、非番でも出勤してしまう」「眠れない」
- 侵入・再体験…………「出来事の場面が繰り返し目の前に現れるような気がする（フラッシュバック）」「出来事に関連する悪夢を見る」
- 回避・麻痺……………「出来事を思い出させるような人・場所・状況・ニュース等を執拗に避ける」
- 自責感…………………「自分の行動を責める」

《主な身体的ストレス反応》
- 頭痛や腹痛、吐き気などを訴える。
- 体のだるさ、疲れなどを訴える。
- 寝つきが悪く、夜中に目を覚ましたりする。
- 食欲がない。お酒の量が増える。

写真6－1　災害現場での惨事ストレス反応

　皆さんも凄惨な現場を見た後にそのことが頭から離れず、眠れなかったり、現場活動中の凄惨な状況が突然に思い起こされたり（フラッシュバック）するという経験が一度や二度あるのではないでしょうか？　誰しもが正常な反応として、短期的にストレス反応が現れることはあります。しかしながら、その反応が数日間、数週間と続いてしまい、精神的にも身体的にも疲れ果ててしまう状況が問題なのです。そういった状況を防ぐために消防士をはじめ救援者は惨事ストレスを理解し、惨事ストレスとうまく付き合っていく知識や技術を身に付ける必要があるのです。
　写真6－1を見てみましょう。1人だけ視線が離れている隊員がいます。この状況を見て、皆さんはどう思いますか？　周囲にいる仲間が彼の異変に気付き、「彼はもしかしたら惨事ストレスを受けているかもしれない。普段と違うぞ。」と感じることが重要です。

## マメ知識　惨事ストレス対策の歴史について
（松井氏、笹川氏　講演会資料及び教養資料より）

惨事ストレス対策は、どこで、いつ頃から始まったのでしょう？
ここでは、惨事ストレス対策の歴史について紹介します。

### ＝19世紀以前＝
　過去幾つかの戦争において、惨事ストレスによるストレス反応と思われる記述が残されています。しかしながら、この頃はまだ惨事ストレスについてほとんど理解されておらず、何の対応もなく放置されていたようです。

### ＝20世紀初頭～第一次世界大戦＝
　第一次世界大戦頃は、精神障害を受ける兵士が増加したといいます。こういった背景の中で、ショックに陥った兵士を「いかに早く、戦場に復帰させるか」ということが必要になり、個人カウンセリングが行われていました。しかし、グループでの介入は、まだ行われていませんでした。この第一次世界大戦を経て、近接性、即時性、期待性の危機介入技術原則が確立したといいます。

　　近接性……現場に直接出向いて行うこと。
　　即時性……できるだけ早く対応すること。　　｜現在の惨事ストレス対策の基本原則が確立
　　期待性……対象者の期待に沿って行うこと。

### ＝第二次世界大戦＝
　第二次世界大戦では戦闘神経症が認識されるようになりました。戦闘によるストレスで精神的な障害が発生するというものです。その応急対策として、複数の兵士による「短時間の話し合い」が行われました。これは任務の報告や作戦に関する話し合いだけではなく、<u>遭遇した外傷体験やその感情について話す機会を与えられた</u>ことになります。

　現在のデブリーフィングの原型

### ＝グループ介入の始まり＝
　第二次世界大戦の半ばから、集団で現場の話をするデブリーフィングの原型が見られるようになります。初めて行われたデブリーフィングは、十分な構成化はされていませんでしたが、集団の中で自分の感情を表出する内容であり、惨事ストレス対策の原型といえます。グループ介入の様子は、「博士は兵士たちと一緒に海岸へ座り、彼らが上陸作戦の際に遭遇した心的外傷について語るように働きかけた。感情を率直に表出する機会を与えられた兵士たちは、意識もはっきりし、翌日の戦闘に対する心の準備もできたことに博士は気付いた。」というように記録されています。
　戦闘が続いたその後の半年間、精神科医たちによってデブリーフィングは試みられ、集団への介入の効果、早期介入の効果が示されていきました。

### ＝戦後～1970年代＝
　戦争だけでなく、凄惨な事故においても惨事ストレス対策は行われました。

1942年11月28日ボストンのナイトクラブで火災が発生し、492人が犠牲となり、被災者及び遺族に対するストレス対策が実施されました（消防士、警察官、看護師などの救援者は考慮されませんでした。）。

ベトナム戦争などにおいてもPTSDに対する関心が高まり、この頃、アメリカ精神医学会においてPTSDが疾病単位となります。

## ＝救援者に対する対応＝
1978年　パシフィック・サウスウエスト航空182便墜落事故
1979年　アメリカン航空191便墜落事故

この相次いで発生した航空機墜落事故で、救助活動に当たったスタッフが、事故後1年経過しても深刻なストレス反応を示しました。この頃から救援者に対する介入（対応）の必要性が高まりました。

## ＝惨事ストレス対策の確立　1980年代＝
1982年　エア・フロリダ90便墜落事故（ワシントンD.C.）78人死亡

初期の段階では、救助に当たった人々に対するストレス対策は行われませんでした。しかし、深刻なストレス症状が見られたため、ミッチェル※指導の下、救助に携わった消防士に惨事ストレスデブリーフィング（CISD）（P.138参照）が初めて実施されました（バージニア州アーリントン郡消防本部）。

※ミッチェル＝Jeffrey T Mitchell、元消防官で惨事ストレスの研究者

この実績から、イギリス、オーストラリア、カナダ、ノルウェーなどの様々な国に惨事ストレスデブリーフィング（CISD）が普及していきます。

## ＝惨事ストレス対策への批判　1990年代＝
様々な方面へ普及していった惨事ストレス対策（特にデブリーフィング）ですが、90年代に入ると、それが必ずしも効果を生むものではないと批判が高まり、デブリーフィングに対する論争が起こりました。

## ＝近年　2000年〜2010年代＝
デブリーフィングも含めた、より包括的なシステムとして惨事ストレスマネジメント（CISM）（P.135参照）が提唱されるようになってきました。デブリーフィングが惨事ストレス対策の特効薬ではないにしても、効用の高い方法として、理解されるようになります。

## ＝現在　2015年〜＝
惨事ストレス対策が全国的に広まることで、デブリーフィングやデフュージングに関する効果や経験が蓄積され、「惨事ストレスマネジメント」がより質の高いものに発展しました。消防職員の中で高い知識技術を有する者による個人面談やデブリーフィング、感情の確認をより浅く行う東京消防庁において発展した「東消方式デフュージング」、さらには、全国救護活動研究会で推奨している感情の確認を完全に抜いた「ピアミーティング」など、現場の実情に応じた対策が充実し、全国に広まり始めています。

## 2 ストレスの器（キャパシティー）

### 1 ストレスの器（キャパシティー）

　ストレスは目に見えないものでとても理解が難しいものです。人がストレスを受け、心にためこむ様子を「器（コップのようなもの）」に例えて説明することでストレスの動きが分かりやすいといわれています。

　ストレスの器は、個人によって差があるといわれていますが、通常、人はストレスを受けても器の中に収まれば、何らかの対処によりストレスを減少させ、精神的安定を保つことができます（図6-1）。

（オーバーフローはしていないが、多少でもストレスは蓄積されている！！）
図6-1　消防士の日常的なストレスの動き

　しかし、災害現場などで過大な惨事ストレスを受けると器からあふれ出し、急性にストレス反応が現れます。

　また、惨事ストレスが少ない場合でも、日常的な事務処理や人間関係（事務ストレス）等でストレスが蓄積していると、惨事ストレスを受けた際に器からあふれ出しやすくなり、急性にストレス反応が現れます（図6-2）。

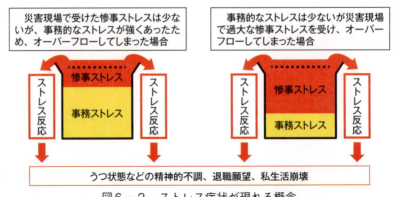

図6-2　ストレス症状が現れる概念

そこで大切なのは、自分のストレス度合いをよく理解することです。ストレス反応が出現したまま無理をすると、負担が蓄積して、うつ状態等の症状へ発展してしまう可能性があります。そうなる前に自分で、そして、仲間で対応する必要があるのです。

　しかしながら、自分のストレス度合いを把握するのは難しいものです。自分の知らぬ間にストレスがたまっている場合もあります。一般的に「自分の器でストレス度合いが60％だな。」とストレス度合いに気付く人は少ないでしょう。「90～95％」とストレスがあふれそうになったとき、何か息苦しさを感じたり、イライラしたりして気付くと思います。いつ惨事ストレスと直面するか分からない職種の人は、常にストレス解除（P. 143参照）を行い図6-1のストレスが減少した状態でいることが重要なのです。

　また、行動等の異変には「仲間の気付き」が大切です。周囲の仲間が「日常と違う雰囲気」に敏感に反応する環境が重要です。惨事ストレスを強く受けている状況を確認した場合には、ただ休ませるだけではなく、安全で安心できる場所での休息が必要です（写真6-2）。

　日常生活では、家族の協力や気付きも必要でしょう。家族にも惨事ストレスについて理解してもらい、違和感を感じたときには、惨事ストレスの影響かもしれないと考え、休息できる場所を用意してもらうことも重要です。

トラウマ体験直後には、現場から離れ、衆人環視から遮断された、安全で安心できる場所での休息が重要

写真6-2　現場での休息場所の重要性

## ❷ チェックリストの活用

　自分のストレスの状況を自分自身で判断するのは難しいですが、「惨事ストレスによるPTSD予防チェックリスト」等を活用すると判断しやすくなります。図6-3のチェックリスト（全国救護活動研究会のホームページ（http://csrm.boo.jp/csrm/CIS3.html）でチェックリストをダウンロードできます。）は、消防職員の現場活動に係るストレス対策研究会により作成されたものです。

チェックリストは、活動後１週間以内にチェックをするのがいいとされていますが、１週間以上経過していても十分にチェックすることができるので活用しましょう。
　チェックリストで４つ以上のチェックがあった場合には、何らかのストレスケアが必要です。ストレスケアには「しっかりと休憩、休息をとる。」、「親しい人と顔を合わせる。」、「無理をしない範囲で現場のことを話す。」等があります。ストレスケアは人それぞれの方法があると思われますので、本人に合ったストレスケアを行ってください。しかし、暴飲暴食・過剰なアルコール摂取・賭け事等はストレスが悪化する可能性もありますので避けた方がいいでしょう。８つ以上のチェックがあった場合には、惨事ストレスケア専門家の対応が必要と思われますので、なるべく早めに専門家に相談しましょう。全国救護活動研究会では、惨事ストレス相談所を開設しています。お気軽にご相談ください（研究会事務局nporiro@yahoo.co.jp）。
　また、現場のことを家族に話すのは難しいと思いますので、仲間で簡単なデフュージング（ピアミーティング）（P. 137参照）をするのがよいと思います。ストレスケアについては家族の協力も必要であり、家族に惨事ストレスについて説明し、理解してもらうことが重要です。家族も惨事ストレスを理解していないと、ストレスの早期解除、家族の気付きが遅くなってしまいます。
　家族への説明資料（図６－９、６－10参照）を家族に読んでもらい、惨事ストレスを理解してもらった上で、ゆっくりと休息できる環境を作りましょう。
　では、ストレス反応が何日も続いてしまった場合はどうすればいいのでしょうか？
　次は「ストレス反応」と「反応が持続してしまうストレス障害」について説明します。

研究会で実施している定期的な訓練会で、参加者で円陣を組み連帯感を高めました。「親しい人と顔を合わせる」ことは、ストレスケアにとても効果があります。
写真６－３　訓練会参加者による円陣

2　ストレスの器（キャパシティー）　*133*

## 惨事ストレスによるＰＴＳＤ予防チェックリスト

このチェックリストは
消防職員が悲惨な災害現場活動等に従事したことに伴う
心理的影響を考える目安となるものです
災害現場活動終了後、1週間以内に実施するものとします
あなたが災害現場活動で自覚した症状に該当するものをチェックしてみてください

☐ 1．胃がつかえたような感じがした
☐ 2．吐き気をもよおした
☐ 3．強い動悸がした
☐ 4．身震いや痙攣を起こした
☐ 5．活動中、一時的に頭痛がした
☐ 6．隊長や同僚の指示が聞こえづらくなったり、音がよく聞こえなくなった
☐ 7．寒い日なのにおびただしい汗をかいた
☐ 8．自分や同僚の身にとても危険を感じ、その恐怖に耐えられるか心配になった
☐ 9．活動中、見た情景が現実のものと思えなかった
☐ 10．とてもイライラしたり、ちょっとしたことでも気にさわった
☐ 11．わけもなく怒りがこみあげてきた
☐ 12．現場が混乱し、圧倒されるような威圧感を受けた
☐ 13．活動する上で、重要なものとそれほどでないものとの判断が難しくなった
☐ 14．資機材をどこに置いたか全く忘れてしまい、思い出せなかった
☐ 15．活動中に受けた衝撃が、数時間しても目の前から消えなかった
☐ 16．活動が実を結ばない結果に終わり、絶望や落胆を味わった
☐ 17．とても混乱したり、興奮していて合理的な判断ができなかった
☐ 18．一時的に時間の感覚が麻痺した
☐ 19．目の前の問題にしか、考えを集中することができなかった

◇アドバイス◇

自覚した症状が３つ以下であった場合／心理的影響は少ないと思われます。

自覚した症状が４つ以上であった場合／その後の経過に配慮することが望まれます。

自覚した症状が８つ以上であった場合／心理的影響が強く、何らかの対応が必要です。

（作成：消防職員の現場活動に係るストレス対策研究会）

図6-3　惨事ストレスによるPTSD予防チェックリスト

# 3 PTSD（心的外傷後ストレス障害）

　PTSD（心的外傷後ストレス障害）という言葉を皆さんは聞いたことがあると思います。しかし、その具体的な意味はどうでしょうか？　PTSDは様々なストレス反応が長期間持続すると診断されます。

　人はストレスを受けると精神的ストレス反応や身体的ストレス反応が出現します（P. 127参照）。これをASR（Acute Stress Reaction：急性ストレス反応）といいます。これは出現してもおかしくはない反応です。しかし、このASRが重い症状になった場合に、ASD（Acute Stress Disorder：急性ストレス障害）と診断され、症状や障害が1か月以上持続してしまうとPTSD（Post Traumatic Stress Disorder：心的外傷後ストレス障害）と診断されます。

　それぞれの診断にはストレス反応などに関する詳細な診断基準があります。しかし、ASDやPTSDだけでなく、長い経験によるストレスの蓄積や同種の災害に出場した場合に起きる感情の再燃などでストレス反応が現れ、長期的に苦しんだ結果、バーンアウト（燃え尽き症候群）、退職願望、私生活崩壊などの状況に陥ってしまうこともあります。

　また、外傷を伴う大きな事故を見たりすると、自分は大丈夫だと思っていても心に傷を負っている場合があります。消防士や救援者が目撃する現場はどれもストレスの大きい現場です。先に説明しましたが、人はストレスに対し器があります。つまり、限界があるのです。ある程度の容量を超えてしまうと、誰でもストレス反応が出てきます。消防士は、その反応に対し「自分が弱いからだ。」と誤解してしまいますが、ストレスが器からあふれ、苦しくなるのは自然なことだと理解することが重要です。惨事ストレスを受けた場合も日常的なストレスがたまっている場合も同じでストレスがたまっていることに気付き、ストレス解除や息抜きをすることが必要なのです。ストレスが器にたまっているとストレス反応は出現しやすくなり、息抜きができない環境にいると反応が長引きやすくなり、PTSDへと発展してしまう可能性があります。

　ストレス反応が精神的な障害に発展してしまう過程を理解し、PTSDの予防に対応することが重要です（図6－4）。

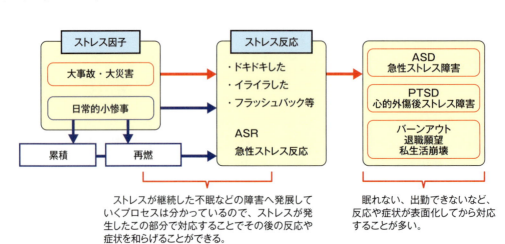

図6－4　惨事ストレスの全体像

# 4 惨事ストレスマネジメント（CISM）

　災害現場で活動後、早期に実施するストレス解除の効果的な方法として、グループミーティング（ピアミーティング、デフュージング、デブリーフィング）などのストレス対策があります。これらのストレス対策について説明しましょう。

## 1 惨事ストレスマネジメント（CISM：Critical Incident Stress Management）

　グループミーティングの他に事前教育や１対１のカウンセリングなど、様々な手法を含む、惨事ストレス対策のプログラムです。組織で惨事ストレスに対応する場合に使われる用語です。個人や各隊で実施するピアミーティングやデフュージングだけでは対応しきれないストレス反応や障害については、臨床心理学の専門家を含んだ、包括的な惨事ストレス対策が必要です。

| 惨事ストレスマネジメント | | | |
|---|---|---|---|
| **ピアミーティング** | **デフュージング** | **デブリーフィング** | **個人面談** |
| 同じ現場に出場した隊員同士で行うミーティング。デフュージングと同様の流れで行うが基本的に感情の確認は行わない。 | 現場活動について聞き、情報を共有、気持ちの確認、励まし合い、メンバーの状況の確認、という一連の流れでストレスケアを目的としたミーティングを行う。 | デフュージングと同様の流れになるが、司会進行を専門家や専門の知識を有した同僚が行い、より充実した発言の場を作る。専門家により細かい評価を行い、フォローが必要な隊員がいた場合には、その後の対応へとつなげる。 | ストレス反応が強く、グループミーティングが困難であると判断できる場合には専門家による個人面談を実施する。この場合、専門家が消防をよく理解している必要がある。 |

図６−５　各種ストレス対策

### (1) デフュージングとは

　デフュージングは、一次ミーティングともいわれています。惨事ストレスの緩和を目的とした応急的グループミーティングで、現在の日本の消防ではストレスケアを目的としたグループミーティングの基本的な流れとなっています。専門家がいない場合でも一定のルールにより実施することが可能です。簡単にいうと、ちょっとした会話によるコミュニケーションのことです。強いストレスを受ける現場に行った後、隊長の司会により会話をすることで活動直後の興奮状態を鎮め、ストレスを軽減する、言い方を変えるとストレスをたまりにくくすることが目的です。現実的な効果として、教養としての効果があります。デフュージング等のグループミーティングを実施することで、惨事ストレスに関する理解が深まるのと同時に「ストレスを受けたら助けてもらえる。」という安心感も生まれ、チームとしての連帯感が深まります。PTSDの予防に直結しているかという部分は証明しにくいですが、「連帯感の向上」については、グループミーティングを実施している方々が明らかに実感することができるという効果です。

デフュージングを行う際、隊長が隊員の間違い探しを行い、責め立てるようでは惨事ストレス対策にはなりません。精神的に深い傷を負った可能性がある場合には、まず活動の成否を問うのではなく、ストレスの緩和を目的としたコミュニケーションを図り、「活動については後でしっかりと訓練しよう。」という「デフュージング」と「訓練」を切り分けた対応が必要です。消防の職務上、「大丈夫？」と優しく接しているだけでは仕事が務まりません。日常的には厳しくてもいいのです。しかし、繰り返しになりますが、心に傷を負った可能性がある場合には助け合い、回復が困難な病気になる前にストレスケアを行いましょう。

それでは、具体的なデフュージングの方法について説明します。どのような災害でデフュージングを実施する必要性があるのかについては、研究会の調査結果や消防士に対するアンケート等を臨床心理の専門家とラベル化した内容がありますので参考にしてください。この内容以外の場合でも強いストレスを受けたと思われる場合には、デフュージングを実施してください。

### グループミーティングが必要となる事案例

**救援対象の特徴**

①自分の家族や知人と重なる部分がある場合

②幼い子供の死や重篤な傷病

③損傷の激しい遺体や傷病者

④傷病者の人生を想像し、様々な思いを持つような事案

**接触した状況**

⑤悲惨・凄惨な現場、緊張を強いられる現場

⑥自身の受傷の危険性が高い現場、同僚の受傷・死亡

⑦経験が浅い時期の扱い困難事例

⑧衆人環視下での活動

⑨殺人事件など、非常に凄惨な現場

⑩多数の傷病者の出た災害

**その他の要因**

⑪上司の指示・行動が納得・信用できないとき

⑫社会的に安全でないと認識されている場所への出場

《デフュージングのルール》

・秘密の保持

・記録やメモは取らない

・他人の発言や感情を批判しないで共感しながら聞く

・責任追及の場にしない

・無理に話させない（話したくないことは話さなくてよい）

・デフュージングの流れをできるだけ守る

このようなルールに従ってミーティングを行うのがデフュージングです。デフュージングは災害の規模や程度に関係なく、現場活動終了後速やかに実施するのが理想です。しかしながら、現実には帰署直後の隊員は、出場車両及び積載資器材の点検や整備、また各種報告書の作成に追われ、実施するのが困難です。

デフュージングは隊員の気持ちをリフレッシュさせ、緊張を緩和させる効果も期待できます。時間を作って、早期に実施するようにしましょう。

松井（2018）[2]によれば、現在、東京消防庁を含む全国の消防本部で推奨しているデフュージングでも感情の表出を強いないように方針が変わっており、松井はこの方式を「東消方式」と呼んでいます。

## (2) ピアミーティングとは

ピアミーティングという言葉の本来の意味は「同じような境遇の人々の集まり」です（ピア＝仲間）。数年前から全国でストレス対策が重要視され、前述した「デフュージング」が全国の消防機関に着実に浸透していき、消防士のストレス対策に成果を上げています。しかしながら、デフュージングを現場の消防隊がスムーズに取り入れることができない大きな壁がありました。

それは「感情の開示」です（図6－6中、赤枠囲み箇所参照）。デフュージングの中に組み込まれている気持ちなどを簡単に聞く「感情の開示段階」は、簡単に話す、深く詮索しないとされていますが、現場の消防士は「気持ちを話す」という行動が少しでも入っているだけで、「デフュージング」をうまく行うことができないということが研究会の長年の活動で分かりました。特に日常的に強い命令系統があることから、プライベートを含め精神的にサポーティブな関係がない状況ではデフュージングは不可能といっても過言ではありません。

そこで、研究会ではデフュージングの流れから気持ちを話す「感情の開示段階」をすっきりと抜き取り、隊員から「気持ちについて発言があれば、共感する」にとどめた簡易版デフュージングともいえる「ピアミーティング」を体系化し、全国に発信しました。そうしたところ、長年デフュージングが広められていた効果との相乗効果が生まれ、急激に惨事ストレスマネジメントに対する理解が浸透し、北海道から沖縄まで全国各地で勉強会やピアミーティングコース（研究会主催の講習会）が開催されるようになりました。ピアミーティングを災害出場後などに教養の意味も含めて気軽に行うことで、「ストレスを受けたときには助け合おう」という人間関係が深まり、その結果、感情についても語り合うことができるようになり、将来的に効果的なデフュージングができるようになるのです。

**138**　第6章　惨事ストレス

○災害活動中の体験を聞く

　　凄惨な現場に出場した際に体験してきたことを1人ずつ具体的に話します（話したくないことを無理に話す必要はありません。）。

　　・何をしたか？（行動について）

　　・何を見たか？

　　・何を聞いたか？

　　・何に触れたか？

　　進行役の隊長や参加している同僚は、発言者の話を共感しながら聞くことが肝要です。発言者の意見の批判や叱責を行ってはいけません。

---

（デフュージングが実施できるメンバーであれば導入する。）

○そのときの気持ちなどを簡単に聞く

　　凄惨な体験に対して、そのときに感じたことや気持ちの変化を話します（感情に対して、深く詮索する必要はありません。）。

　　・何を感じたか？

　　・何が頭に浮かんだか？

　　・気持ちの変化は？

　　進行役の隊長や参加している同僚は、発言者に対し、「根性がないからだ」「訓練が足りないからだ」など、批判や非難を行ってはいけません。

---

○現在の体調等を聞く

　　同僚たちの様子を相互に確認します。

　　様子がおかしい、体調不良であるなどの場合は申し出ましょう。進行役の隊長はストレスケアが必要な隊員を把握して、フォローや励ましを行いましょう。

○ストレスを受けた際の反応などについて知識を共有する

　　知識を共有するのと同時に反応や症状が出た際には助け合うことを確認し合います。

図6－6　ピアミーティング（デフュージング）の進め方

## ② 惨事ストレスデブリーフィング（CISD：Critical Incident Stress Debriefing）

　デブリーフィングは、二次ミーティングともいわれています。臨床心理学の専門家とピアデブリーファー（デブリーフィングの進行及び臨床心理学に関し、一定の教育を受けた同僚）がチームを組み、惨事ストレスの緩和と解消を目的として、体験内容やそのときの感情を「構造化された方法」により話し合うグループミーティングです。少人数で実施できると効果的です。専門家がいない場合はかえって逆効果となるおそれがあるため、注意が必要です。心理学の専門家やピアデブリーファー等が進行を担当します。同じ体験をした者が現在の気持ちなどを話し合うことにより、ストレスを発散します。参加者同士の自発的な会話の中で、他者の話を共感したり、同じ気持ちであったことを聞いて安心したりするなどの作用があります。また、個別に専門家の意見も聞くことができるので大変有効です。

4 惨事ストレスマネジメント（CISM） 139

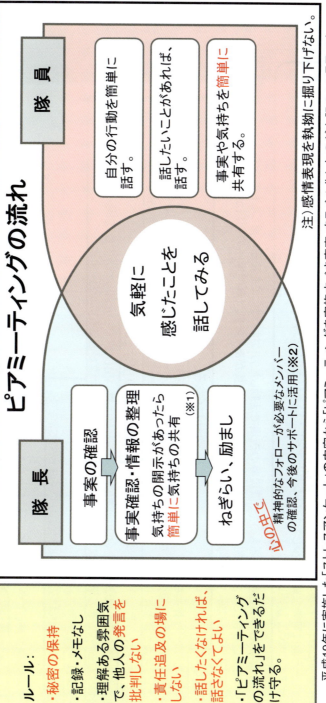

図6-7 ピアミーティング資料

図6-8～6-10は、2011年に発生した東日本大震災で全国救護活動研究会が配布した資料です。

---

## 被災地で活動している「救護者」の方へ

全国救護活動研究会　2011/3/16

被災地で活動されている皆様、大きなストレスの中、活動していただき本当にありがとうございます。ストレスケア等をしている余裕はないと思われるかもしれませんが、早い時期から少しでも、ストレスケアをしていただきたいと思います。発災から、時間が経つにつれ、疲労とストレスが溜まっていると思われます。精神的ストレスが個人のキャパシティーを超え、オーバーフローしてしまう前に可能な範囲でもストレスケアをしていただきたいと思います。あなたのために、そして仲間のために、ストレスとストレスケアについて、説明します。

**ストレス**：これらは惨事ストレスと呼ばれるもので、震災等の現場で活動した方には、誰にでも普通に感じるものです。しかし、症状があまりにも強い場合には、精神的な分野の専門家に相談する必要があります。（専門家への相談ができない状況の場合は充分なストレスケアをお願いします。）

**興奮状態が続く**
・興奮状態が続いてしまい、休めない。
・「もっとこうすればよかった」と自分を責めてしまう。
・興奮状態により、考えがまとまりにくい。

**思い出す事を避ける。**
・現場での活動の記憶自体を思い出したくない状態になり、出動が苦痛になったり、その場から離れたくなる。

**周囲とのトラブル**
・周囲の人に対して、日常では感じないような怒りや不満が出てきます。

**話せなくなる。**
・「気弱な事を言ってはいけない」「頑張らなければならない」「話しても分かってもらえない」等の様々な思いから、話せなくなり、自分の胸に溜め込んでしまう場合があります。

**体験を思い出す。**
・自分は思い出したくないと思っていても、現場のことを思い出し、フラッシュバックが起こる事があります。

**ストレスケア**：ストレスを感じてからではなく、予防のためできるだけ早い時期からストレスケアを実施してください。

**休憩と休息**
震災時には「やるべき事」は限りなくあります。しかし、「救護者」の皆様はこの長時間の活動になると思われますので、少しでも休憩してください。休憩は体の為だけではなく、心（精神的）の為にもとても重要です。休む場所は、周囲の環境や雑音が少ない心にとって安全な場所」であることが重要です。

**親しい方と顔を合わせる。**
少しでも気の許せる方と顔を合わせてください。危険な環境や辛い、苦しい環境に長くいると、通常の心の状態を保つのが難しくなってしまいます。心の休める場所を作りましょう。心が休まると、身体も休まります。

**現場の事を話す。**
活動について、仲間と、「話す場」を作りましょう。震災時のような、環境では、誰にも経験を話す事ができず、又は、話す時間的な余裕もなく、自分の胸に溜め込んでしまう場合があります。
日常では有り得ない、様々な経験の全てを胸にしまっては、心が耐えられなくなってしまいます。ストレスに耐えるあなたのコップが溢れてしまう前に、仲間と少し話す場を作りましょう。お互いに励まし、支え合う事がとても重要です。

図6-8　隊員向け資料

## 派遣隊員のご家族の皆様へ

作成：香川大学医学部精神神経医学講座　臨床心理士　篠原朝美　2011/3/22
Kagawa CIS project 、全国救護活動研究会

このたびの東日本大震災による甚大な被害は、テレビ等を通じて、ご存じのことと思います。映像を見ているだけでも心が折れてしまうほどの現場に出場した隊員の方々には心から敬意を表するとともに、深く感謝いたします。また、派遣に際し、ご家族としてもご心配やご苦労があったかと思います。ご家族の皆様に対しても深く感謝しています。ここでご家族の皆さんにお伝えしたいことがあります。

### 伝えたいこと

今回のような大きな災害で救助にあたった隊員には、「惨事ストレス」が懸念されます。

**惨事ストレスとは**

凄惨な現場活動に従事し、悲惨な経験をした消防職員に生じるストレス反応の事を言います。

今回の東日本での活動は、ご存じの通り、現場がかなり凄惨な状況です。多くの方がなくなり、未だ多くの方が行方不明の状況です。損傷の激しいご遺体に接したり、生存者が見つからない中で続く作業に強い精神的ショックを受けている可能性があります。

このような場合に、非日常的な異常体験から自分の心を守るために「正常な反応」として、「惨事ストレス」の症状が生じることがあります。

「惨事ストレス」は、異常なことではなく、「大きなショックによって現れる普通の反応」です。多くは一時的なものなので、ご家族の中で受け止めていただければ、やがて自然に落ち着いてきます。

もう一枚の用紙に惨事ストレスとストレスケアについて、お示ししたいと思います。「家族は心の支え」ですが、そのご家族にも当然不安があると思います。ご家族でストレスを感じるようになりましたら、ご家族もストレスケアを実施してください。

図6-9　家族向け資料（表面）

ご家族様へ 「惨事ストレスの影響と対応」

作成：香川大学医学部精神神経医学講座 臨床心理士 篠原朝美 2011/3/22
Kagawa CIS project ，全国救護活動研究会

強い精神的ショックを受けると、次のような症状が生じることがあります。多くは一時的なもので、自然に消失していきます。異常なことではないので、おかしくなったのではないかと慌てずに、冷静に対応していきましょう。

## 「惨事ストレスの影響」

### 主な精神的な反応

**解離症状**
・ぼうっとして反応がない。
・出来事の一部を覚えていない。

**自責感**
・自分の行動を責める。

**うつ症状**
・意欲がわかない、楽しめない。
・気持ちが落ち込んでいる。
・集中力が低下する。
・考えがまとまらない。

**回避症状**
・出来事を思い出せるような人・場所・状況・ニュース等を執拗に避ける。

**覚醒亢進症状**
・イライラする、怒りっぽくなる。
・神経が過敏になり、落ち着きがない、非番でも出勤してしまう。
・眠れない。

**再体験症状**
・出来事の場面が繰り返し目の前に現れるような気がする。
・出来事に関連する悪い夢を見る。

### 主な身体の症状
・頭痛や腹痛、吐き気などを訴える。
・体のだるさ、疲れなどを訴える。
・寝つきが悪く、夜中に目を覚ましたりする。
・食欲がない、お酒の量が増える。

## 「ストレスケア」

**とにかくゆっくり休ませる。**
・ゆっくり休める場所と時間を提供してください。
・安眠、栄養のバランスのとれた食事を提供してあげてください。
・気持ちの逃げ場を作ってあげてください。

**話を聞いてあげる。**
・本人が自分から話してきたときには、さえぎらずに最後まで話を聞いてあげてください。
・「なんどくないつも」と違うように感じられたときには、そっと見守ってください。
・自分を責めるようなことを言う場合には、「そんな気持ちでいるんだね。」とそのまま十分受け止めてください。聞くだけでストレスケアになります。アドバイスの必要はありません。

**とにかくねぎらう。**
・「大変さを理解してあげよう」「励まそう」と思っても、実際に体験したんでないとわからないほど悲惨な状況もあります。難しいことは考えずに「本当に御苦労さまでした」とねぎらってあげてください。

**気分転換**
・十分に休養して、本人も望めば、気分転換に家族で出かけたりしてもいいかもしれません。

ここに書かれている症状や対応がすべてではありません。家族がいつもと違うことを言ったら、それは何らかの症状かもしれません。その家族なりの対応の仕方もあると思います。何かあった時にあわてないように「惨事ストレス」の事を知っていただくことは大切ですが、特に気負う必要はなく、家族がいつもどおりに暖かく迎えてくれることが一番だと思います。しつこいようですが、「惨事ストレス」は「惨事な体験をした時に起こる普通の反応」、異常な事態への正常な反応です。家族が落ち着いて見守ることで徐々に落ち着いてきます。しかし、心配になるほど症状が重い場合には、専門家に相談しましょう。

図6-10 家族向け資料（裏面）

# 5 ストレスの解除（ストレスケア）

　現代社会でストレスを作らないというのは無理なのかもしれません。たまってしまうストレスと上手に付き合い、そして、小さいうちに解除することが大事ではないでしょうか？　非番日、休日を有効に過ごし、自分なりのストレス解除法を探してみてはいかがでしょうか？

《解除法の例》
- ゆっくり寝る。
- のんびり入浴する。
- 同僚や友人、家族と会話をする。
- 栄養バランスのとれた食事を取る。
- 趣味や旅行で気分転換をする。
- 適度な運動をする。
- 笑う（心の緊張を解きほぐす笑いは、ストレス解消の特効薬）。

　ストレス解除法は自分のライフスタイルに合ったものにしましょう。無理をしたりオーバーしたりするのはよくありません。

写真6－4　ピアミーティング

## ❶ 「絆」を深めよう

　昔の人はストレスに強い……。今の若い隊員は根性が足りないからストレスに弱いのだ……。こんな声を聞いたことがありますが、少し違うのかもしれません。昔は輪になって仲間同士で話をする時間がたくさんあったため、自然にストレスケアに効果のあるグループミーティングができていたのかもしれません。

　凄惨な現場を見た後、自分の気持ちを話せずに1人で胸にしまい込んでしまうとストレスは悪化してしまいます。さらに、そのまま我慢してしまうと生活に悪影響を与えるほどになってしまう可能性があるのです。本当につらいとき「きつかった。」「つらかった。」と、気持ちを話せば心が楽になると思います。1人で悩まず、上司・仲間、そして家族にささいなことでもいいですから、話をしてみましょう。他愛のない話でもいい気分転換になります。

　絆を深めて、お互いに助け合い、ストレスに打ち勝ちましょう。

## ❷ 経験豊富な隊員のストレスケア

　ストレスによる反応が起きるのは経験の浅い隊員だけではないのです。小さな惨事ストレスが蓄積して何かのきっかけで再燃してしまう、つまり、強く思い起こした場合、経験豊富な40代、50代の隊員でも急に心が疲れてしまい、ストレス反応が出る場合があるので注意が必要です。

　凄惨な現場や過酷な現場など多数の現場に出場し、いろいろな経験をしてきたあるベテラン隊員は「東日本大震災、そして、津波の被害は甚大で目を伏せたくなるような状況だった。正直に

言うと、津波現場での活動は短期間の派遣だったが、夜に寝ようとすると現場の風景を思い起こしてしまい、なかなか眠れない日が続いた。1か月以上の月日がたって、最近は少し眠れるようになってきた。仲間と話をしたり、ゆっくりと休んだり、当たり前と思われがちなストレスケアを続けてきたんだよ。」と語っています。

　惨事ストレスを受けることは誰にでもあることです。「ストレスに負けそうな自分が弱いんだ。」とは思わず、シンプルに「ストレスがあるな。」と思ったらストレスケアを心掛けることが大切です。

　ストレスケアの基本は惨事ストレスの存在を知ることです。惨事ストレスは特別なものではなく、凄惨な現場で活動した人には自然な反応として現れるものです。惨事ストレスを受けた際には、仲間同士で惨事ストレスを理解してストレスケアを行い乗り越えましょう。

「コーヒーカップと隊員」

　隊服を着た状態で不謹慎だと思う人もいるかもしれません。しかし、重要なことなのです。あなたは「Short Break、ちょっとした休憩」ができていますか？ 惨事ストレスケアは早めの対応が重要です。消防士の活動は「惨事ストレス」と隣り合わせです。日常的な「ストレスケア」を心掛けましょう。

〈参考・引用文献〉
1）松井　豊：惨事ストレスへのケア．おうふう．2010年
2）松井　豊：「惨事ストレス対策」講演会資料．2018年

# 第7章 各組織活動概要

## 1 消防の活動紹介

### ❶ 消防の組織について

　消防の組織は、国の行政機関の１つである総務省の外局として「消防庁」が置かれ、地方公共団体の機関として「自治体消防（市町村消防）」が置かれています。

　消防庁は、消防に関する制度の企画及び立案、消防に関し広域的に対応する必要のある事務その他の消防に関する事務を行うことにより、国民の生命、身体及び財産の保護を図ることを任務としています。

　自治体消防は、当該市町村の区域における消防を果たすべき責任を有するために設置されていますが、平成６年以降「市町村の消防の広域化」が推進され、消防組織体制についても、市町村単体による消防体制、又は、複数の市町村による広域消防体制など都道府県によって消防体制が異なり、平成30年４月１日現在、全国の消防本部設置数は、728消防本部になります。

　ここでは、その消防の活動を紹介していきます。

《消防の任務》

　消防は、その施設及び人員を活用して、国民の生命、身体及び財産を火災から保護するとともに、水火災又は地震等の災害を防除し、及びこれらの災害による被害を軽減するほか、災害等による傷病者の搬送を適切に行うことを任務とする。（消防組織法　第１条）

### ❷ 消防の応援体制について

　応援体制について大きく分けると、隣接する市町村等相互の応援体制、都道府県内で発生した災害での各相互の応援体制、日本全国への災害派遣体制（緊急消防援助隊）、そして、海外への災害派遣体制（国際消防救助隊）があります。

　それでは、消防の災害派遣隊の大規模災害時の活動とはどのような内容なのかを見ていきましょう。

⑴　緊急消防援助隊とは

　平成７年に6,000人以上の尊い命を奪った阪神・淡路大震災の教訓を踏まえ、県外への災害派遣体制が構築され「緊急消防援助隊」が誕生しました。

　平成30年４月１日現在、全国725消防本部から5,978隊が緊急消防援助隊として登録され、国内

で大災害が発生すると全国の部隊が集結し、国民の安全・安心を守ります。

それが「緊急消防援助隊」です。

写真7－1　阪神・淡路大震災

《緊急消防援助隊の任務》

国内において大規模災害又は特殊災害が発生し、被災地の属する都道府県の消防力をもってしても対処できない場合に、被災地の消防の応援等を行うことを任務とします。

① 部隊編成

管轄する市町村等の警備体制を維持した状況で、各消防本部から登録された隊が大きく2つの部隊編成に分けられ、被災地へ災害派遣されます。

写真7－2　東日本大震災　緊急消防援助隊活動写真

**指揮支援隊**

ヘリコプターなどで迅速に現地に展開し、被災状況の把握、消防庁との連携調査、現地消防機関の指揮支援を行う部隊です。

**統合機動部隊**

大規模災害又は特殊災害の発生後、迅速に派遣出場し、後続する都道府県大隊の円滑な活動に資する情報の収集及び提供を行うとともに、被災地において緊急に消防活動を行う部隊です。

**エネルギー・産業基盤災害即応部隊（ドラゴンハイパー・コマンドユニット）**

石油コンビナート、化学プラント等エネルギー・産業基盤の立地する地域における特殊災害に対し、高度かつ迅速に専門的な消防活動を行う部隊です。

**都道府県大隊**

被災現場で活動を行う部隊です。

都道府県大隊指揮隊：都道府県隊を統括し、その活動管理を行います。

消　火　小　隊：大規模火災発生時の延焼防止等消火活動を行います。

救　助　小　隊：高度救助用資器材を備え、要救助者の検索・救助活動を行います。

救　急　小　隊：高度救命用資器材を備え、救急活動を行います。

後 方 支 援 小 隊：各部隊の活動支援をするために、給水設備を備えた車両等により必要な輸送・補給活動を行います。

1 消防の活動紹介　*147*

通 信 支 援 小 隊：通信確保を可能とする設備等を備えた車両等により、通信の確保等に関
する支援活動を行います。
航 空 小 隊：消防防災ヘリコプターを用いて消防活動を行います。
水 上 小 隊：消防艇を用いて消防活動を行います。
特 殊 災 害 小 隊：毒劇物等災害、大規模危険物災害等特殊な災害に対応するための消防活
動を行います。
特 殊 装 備 小 隊：水難救助隊、遠距離送水隊等特殊な装備を用いて消防活動を行います。

② **基本的な出動計画**

第一次出動都道府県大隊

| 災害発生都道府県 | 第一次出動都道府県大隊 | | | |
|---|---|---|---|---|
| 北海道 | 青森 | 岩手 | 宮城 | 秋田 |
| 青森 | 岩手 | 宮城 | 秋田 | 山形 |
| 岩手 | 青森 | 宮城 | 秋田 | 山形 |
| 宮城 | 岩手 | 秋田 | 山形 | 福島 |
| 秋田 | 青森 | 岩手 | 宮城 | 山形 |
| 山形 | 宮城 | 秋田 | 福島 | 新潟 |
| 福島 | 宮城 | 山形 | 栃木 | 新潟 |
| 茨城 | 福島 | 栃木 | 埼玉 | 千葉 |
| 栃木 | 福島 | 茨城 | 群馬 | 埼玉 |
| 群馬 | 栃木 | 埼玉 | 新潟 | 長野 |
| 埼玉 | 茨城 | 群馬 | 千葉 | 東京 |
| 千葉 | 茨城 | 埼玉 | 東京 | 神奈川 |
| 東京 | 埼玉 | 千葉 | 神奈川 | 山梨 |
| 神奈川 | 千葉 | 東京 | 山梨 | 静岡 |
| 新潟 | 山形 | 福島 | 群馬 | 長野 |
| 富山 | 新潟 | 石川 | 長野 | 岐阜 |
| 石川 | 富山 | 福井 | 岐阜 | 滋賀 |
| 福井 | 石川 | 岐阜 | 滋賀 | 京都 |
| 山梨 | 東京 | 神奈川 | 長野 | 静岡 |
| 長野 | 群馬 | 新潟 | 山梨 | 岐阜 |
| 岐阜 | 富山 | 福井 | 長野 | 愛知 |
| 静岡 | 神奈川 | 山梨 | 長野 | 愛知 |
| 愛知 | 岐阜 | 静岡 | 三重 | 滋賀 |
| 三重 | 愛知 | 滋賀 | 奈良 | 和歌山 |
| 滋賀 | 福井 | 岐阜 | 三重 | 京都 |
| 京都 | 福井 | 滋賀 | 大阪 | 兵庫 |
| 大阪 | 京都 | 兵庫 | 奈良 | 和歌山 |

| | | | | |
|---|---|---|---|---|
| 兵庫 | 京都 | 大阪 | 鳥取 | 岡山 |
| 奈良 | 三重 | 京都 | 大阪 | 和歌山 |
| 和歌山 | 三重 | 京都 | 大阪 | 奈良 |
| 鳥取 | 兵庫 | 島根 | 岡山 | 広島 |
| 島根 | 鳥取 | 岡山 | 広島 | 山口 |
| 岡山 | 兵庫 | 鳥取 | 広島 | 香川 |
| 広島 | 島根 | 岡山 | 山口 | 愛媛 |
| 山口 | 島根 | 岡山 | 広島 | 福岡 |
| 徳島 | 兵庫 | 香川 | 愛媛 | 高知 |
| 香川 | 岡山 | 徳島 | 愛媛 | 高知 |
| 愛媛 | 広島 | 徳島 | 香川 | 高知 |
| 高知 | 広島 | 徳島 | 香川 | 愛媛 |
| 福岡 | 山口 | 佐賀 | 熊本 | 大分 |
| 佐賀 | 福岡 | 長崎 | 熊本 | 大分 |
| 長崎 | 福岡 | 佐賀 | 熊本 | 大分 |
| 熊本 | 福岡 | 大分 | 宮崎 | 鹿児島 |
| 大分 | 福岡 | 佐賀 | 熊本 | 宮崎 |
| 宮崎 | 福岡 | 熊本 | 大分 | 鹿児島 |
| 鹿児島 | 福岡 | 熊本 | 大分 | 宮崎 |
| 沖縄 | 福岡 | 熊本 | 宮崎 | 鹿児島 |

③ **緊急消防援助隊の主な出動実績　（平成30年現在過去15年間）**

| 出動年月日 | 災　害　名 |
|---|---|
| 平成15年7月26日 | 宮城県北部地震（震度6強） |
| 平成15年8月14日 | 三重県ごみ固形燃料発電所火災 |
| 平成15年9月8日 | 栃木県黒磯市ブリヂストン栃木工場火災 |
| 平成15年9月26日 | 十勝沖地震（震度6弱） |
| 平成15年9月28日 | 出光興産北海道製油所原油貯蔵タンク火災 |
| 平成16年7月13日 | 新潟・福島豪雨 |
| 平成16年7月18日 | 福井豪雨 |
| 平成16年10月21日 | 台風第23号兵庫県豊岡市水害 |
| 平成16年10月23日 | 新潟県中越地震（震度7） |
| 平成17年3月20日 | 福岡県西方沖地震（震度6弱） |
| 平成17年4月25日 | JR西日本福知山線列車事故 |
| 平成19年1月30日 | 奈良県吉野郡上北山村土砂崩れ車両埋没事故 |
| 平成19年3月25日 | 能登半島地震（震度6強） |
| 平成19年4月15日 | 三重県中部地震（震度5強） |

| | |
|---|---|
| 平成19年7月16日 | 新潟県中越沖地震（震度6強） |
| 平成20年6月14日 | 岩手・宮城内陸地震（震度6強） |
| 平成20年7月24日 | 岩手県沿岸北部地震（震度6弱） |
| 平成21年8月11日 | 駿河湾地震（震度6弱） |
| 平成23年3月11日 | 東北地方太平洋沖地震（震度7） |
| 平成25年10月16日 | 台風第26号による伊豆大島の災害 |
| 平成26年8月20日 | 8月豪雨による広島土砂災害 |
| 平成26年9月27日 | 御嶽山噴火災害 |
| 平成26年11月23日 | 長野県北部地震（震度6弱） |
| 平成27年5月29日 | 口永良部島噴火災害 |
| 平成27年9月10日 | 関東・東北豪雨 |
| 平成28年4月14日 | 熊本地震（震度7） |
| 平成28年8月31日 | 台風第10号による災害 |
| 平成29年3月27日 | 栃木県那須町雪崩事故 |
| 平成29年7月5日 | 九州北部豪雨 |
| 平成30年7月6日 | 平成30年7月豪雨 |
| 平成30年9月6日 | 北海道胆振東部地震 |

写真7-3　東日本大震災

(2) 国際消防救助隊とは

　海外で大規模災害が発生した場合、我が国の消防救助技術を活用して被災国を支援するため、昭和61年に国際消防救助隊（IRT-JF：International Rescue Team of Japanese Fire-Service、愛称"愛ある手"）が誕生しました。国際消防救助隊は、平成30年4月1日現在、全国の77消防本部、599人の隊員から編成されています。
　被災国からの援助要請を受けて、高度な救助資器材や技術を活用して海外の被災地へ派遣されます。

写真7-4　IRT-JFロゴ

① 国際消防救助隊の派遣実績

| 派遣年月日 | 災　害　名 |
|---|---|
| 平成16年2月25日～同年3月1日（6日間） | モロッコ地震災害 |
| 平成16年12月29日～平成17年1月20日（23日間） | スマトラ沖大地震災害・インド洋津波災害 |
| 平成17年10月9日～同年10月18日（10日間） | パキスタン・イスラム共和国地震災害 |
| 平成20年5月15日～同年5月21日（7日間） | 中国四川省における地震災害 |
| 平成21年10月1日～同年10月8日（8日間） | インドネシア西スマトラ州パダン沖地震災害 |
| 平成23年2月23日～同年3月12日（18日間） | ニュージーランド南島地震災害 |
| 平成27年4月26日～同年5月9日（14日間） | ネパール地震災害 |
| 平成29年9月21日～同年9月28日（8日間） | メキシコ地震災害 |

## 2 医療関係の活動紹介

### ❶ 大規模災害時の消防と医療

　地震等の大規模災害時には、緊急消防援助隊が被災地に派遣され、現地消防機関の指揮の下で現場活動が実施されます。このような災害時での傷病者の救護は、消防と医療が連携を密に活動を行うことが重要です。以前は、大規模災害時において被災者に対する救護に医療は介入していませんでしたが、阪神・淡路大震災以降、DMATによる災害現場医療の確立やドクターヘリ、ドクターカーなどの病院前医療の充実が図られ、災害現場での医療活動が進められてきています。
　消防と医療が相互に連携し、災害現場において共通の認識を持つことが被災者の救命率の向上につながり、現場活動中に医療が必要となる場面が多くあることを理解しておかなければなりません。
　ここでは、医療関係の中でも大規模災害時に特に消防との連携が必要とされるDMATについて紹介していきます。

### ❷ DMATとは

　平成7年に発生した阪神・淡路大震災において、多くの医療施設が建物被害を受け、建物被害を免れた医療機関もライフラインの寸断や医療機器の破損などにより、その機能は大きく低下しました。そうした被害の大きかった地域の病院に患者が集中して大混乱を引き起こし、「防ぎえた災害死」（医療が適切に介入すれば避けられた可能性がある災害死）が多数発生したとされています。その反省を踏まえ「多発外傷、挫滅症候群、広範囲熱傷等の災害時に多発する重篤救急患者の救命治療を行うための高度な診療機能を有し、なおかつ、被災地における重症傷

図7-1　DMATロゴ

病者の受入れ機能を有するとともに、傷病者等の受入れ及び搬出を行う広域搬送への対応機能、自己完結型の医療救護チームの派遣機能、地域の医療機関への応急用資器材の貸出し機能を有する」災害拠点病院の整備が始められました。さらに、被災地への医療支援の遅れが防ぎえた災害死の発生につながったとの反省から、迅速性・自己完結性・均一性を持った災害派遣医療チームとして構想されたのがDMAT（Disaster Medical Assistance Team）です。医師、看護師、業務調整員（医師、看護師以外の医療及び事務職員）で構成され、「大規模災害や多数傷病者発生の災害現場に、急性期（おおむね48時間以内）に活動できる機動性を持った、専門的な研修・訓練を受けた災害派遣医療チーム」と定義されました。

平成17年7月に国の防災基本計画が修正されDMATの充実・活用推進がうたわれ、以降地域防災計画にDMATの運用が反映されていくこととなりました。DMATの活動は都道府県と医療機関との間で事前に締結された協定に基づき行われ、都道府県が運用計画を策定し、災害時にはこの計画に基づき運用されることとなります。そのため、局所災害時の出動要請手順などには都道府県ごとに差異が存在しており、消防機関から直接のDMAT派遣要請を可能とする府県もあるため、運用に伴う詳細については各都道府県の災害医療担当部局に確認する必要があります。

### ❸ DMATの活動

DMATは、消防機関や都道府県等からの派遣要請を受け、DMAT指定医療機関から派遣され活動を行います。様々な活動がある中で、主に本部活動、病院支援、広域医療搬送、地域医療搬送、現場活動、後方支援があり、消防と医療とが連携をする上でお互いの活動内容を理解することがスムーズな活動につながります。それでは、その活動内容について説明していきます。

(1) 本部活動

県のDMAT調整本部、二次医療圏の活動拠点本部等に入り、指揮命令系統を確立します。

(2) 病院支援

被災地域内の病院に対する医療支援、トリアージや診療の支援を行うほか、被災病院に赴き、被害情報の発信を代行することもあります。

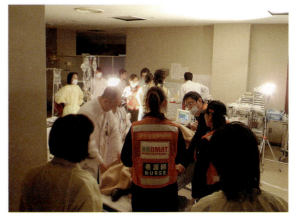

写真７－５　病院支援をするDMAT隊員

(3) 広域医療搬送

広域医療搬送とは、被災地域で対応困難な重症患者を被災地域外に搬送し、緊急の治療を行うために国が政府の各機関の協力の下で行う活動です（国以外の機関による被災地域から被災地域外への患者搬送は、定義上広域医療搬送と称しません。）。自衛隊機等による航空搬送時の機内で

の診療、SCU※における診療、SCUの運営等があり、被災地域及び被災地域外の民間や自衛隊の空港に広域医療搬送拠点を設置して行います。SCUは空港だけではなく、医療機関の機能低下の著しい被災地域では、大型公園などに設置することもあります。

※SCU：航空搬送拠点臨時医療施設（Staging care unit：SCU）。患者の症状の安定化を図り、搬送のためのトリアージを実施する臨時医療施設です。必要に応じて被災地域及び被災地域外の広域医療搬送拠点に設定されます。

写真７－６　航空機による医療搬送

⑷　地域医療搬送

都道府県や市町村が実施するヘリコプターや救急車等による搬送で、災害現場から被災地域内の医療機関への搬送、被災地域内の医療機関から近隣地域への搬送、被災地域内の医療機関からSCUへの搬送及び被災地域外のSCUから医療機関への搬送を支援します。

写真７－７　ドクターヘリによる医療搬送

⑸　現場活動

災害現場でDMATが行うトリアージ、緊急治療等の活動です。

⑹　後方支援（ロジスティック）

DMATの活動に関わる通信、移動手段、医薬品、生活手段等を確保します。その他、DMAT活動に必要な連絡、調整、情報収集の業務等があります。

東日本大震災以降は、本部活動を専属に行うDMATロジスティックチームが創設されています。

写真７－８　後方支援を行うDMAT隊員

## 4 DMAT指揮命令系統について

　大規模災害発生時には各都道府県災害対策本部の災害医療本部（保健医療調整本部）の下にDMAT調整本部が設置されます。被災都道府県は医療需要に応じて他都道府県にDMATの派遣要請を行い、要請を受けた各都道府県は管下DMAT指定医療機関にDMAT派遣を要請します（災害規模に応じた全国的な派遣DMATの規模の調整は厚生労働省DMAT事務局が行います。）。DMAT調整本部の指揮下に被災地域内の前線拠点となる「活動拠点本部」、航空機での患者搬送に当たり症状の安定化を図り、搬送を実施するための臨時医療施設であるSCUなどが必要に応じて設置されます。

　DMAT活動拠点本部は被災地域内災害拠点病院から適切な場所を選定し設置され、参集したDMATの指揮調整、被災地域内の情報収集を行い、必要に応じて被災病院支援のための「病院支援指揮所」、被災現場の医療活動のための「現場活動指揮所」を設置し、図7－2のような指揮命令系統が確立されます。大規模災害発生時には「活動拠点本部」が市町村消防本部や緊急消防援助隊指揮支援本部などと連携を取ることとなり、救助現場へのDMATの出動要請は原則的に「活動拠点本部」に対して行う必要があります。救助現場においては、活動拠点本部の指示の下設置された「現場活動指揮所」が現場消防機関と連携を行うこととなります。

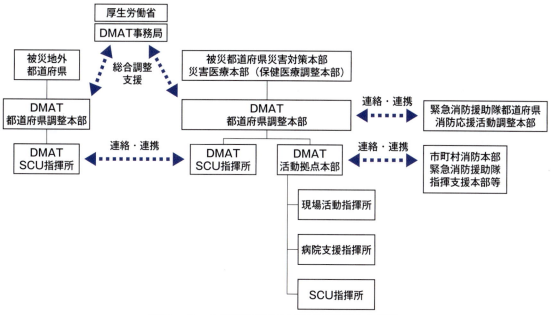

図7－2　大規模災害時のDMATの指揮命令系統

## ❺ 災害救助現場における消防と医療の連携

災害救助現場における消防と医療の連携については「災害時における消防と医療の連携に関する検討委員会」により提言されているモデルがあります。この報告では、災害救助現場の医療チームは現場活動指揮所リーダーの下、情報収集整理班・ロジスティック班を置き指揮所を機能させ消防機関と連携、その傘下に災害救助現場責任者・救護所責任者・ヘリ運航責任者を置き、それぞれ救助隊・救急隊・航空隊と連携するモデルを示しています。

写真7－9　平成28年熊本地震時のDMAT活動拠点本部

「瓦礫の下の医療」において医療救護班が行う医療処置としては、クラッシュシンドロームに対する輸液投与など要救助者への直接的な医療処置が思い浮かびます。しかし、平成17年4月25日に発生したJR福知山線脱線事故においては、現場に派遣された緊急医療班は救出前の要救助者に対して輸液投与を行い、さらには医師による死亡確認を行うことで救助の迅速化を図ったことが報告されており、災害救助現場における医療従事者の役割は直接的な医療処置のみではないことが分かります。同様に平成23年3月11日に発生したスーパーマーケット駐車場崩落現場活動の報告では、臨場したDMATが静脈路確保、制吐剤投与、炭酸水素ナトリウム製剤投与、グルコン酸カルシウム製剤投与、輸血・アルブミン投与などの直接的な医療処置を行うだけではなく、挟圧されている下肢の大腿での緊縛の判断実施、要救助者家族からの既往歴聴取・家族への容態説明や、2人の要救助者のうち1人に対しトリアージ「黒」判断を行い、残り1人の要救助者へ集中して救助活動を行いました。このような事例から、災害救助現場において医療従事者は瓦礫内のみならず瓦礫外での活動によっても救助活動に貢献できることが分かります。ただ、DMATの目標は「防ぎえた災害死」の低減にあり、救護所の赤エリアに要救助者があふれている場合には、個別対応である「瓦礫の下の医療」よりも赤エリアでの多数傷病者対応が優先されます。

## ❻ 災害医療とCSRM

DMATの活動内容は、当初は超急性期の外傷を中心とする救命医療への対応に重点が置かれていました。しかし、東日本大震災では急性期の外傷患者への救命医療のニーズが少なく慢性疾患を持つ被災者に対する医療支援ニーズが高かったことや、その医療支援ニーズの高まりがDMATの撤収時期である発災48時間以降であったこと、そして亜急性期の医療救護班への引継ぎが不十分であり医療の空白期間が生じたことなどが課題として指摘されました。そのため、亜急性期に対応する体制を確保するべく平成28年3月に発出された日本DMAT活動要領の改訂では、被災都道府県が「継続したDMATの支援が必要な場合は、必要に応じてDMATの追加派遣（二次隊、三次隊等）を要請することができる。」とされ、DMATの活動内容に「初期の避難所

や救護所での活動のサポート等を考慮する。」と書き加えられています。

　震災時にはDMATのみならず多数の医療チームが活動しており、平成28年熊本地震においては災害派遣精神医療チーム（DPAT：Disaster Psychiatric Assistance Team）、日本赤十字社救護班、日本医師会災害医療チーム（JMAT：Japan Medical Association Team）、全日本病院医療支援班（AMAT：All Japan Hospital Medical Assistance Team）、大規模災害リハビリテーション支援関連団体協議会（JRAT：Japan Rehabilitation Assistance Team）など15団体により1,428チームが医療救護班として活動し、急性期から亜急性期・慢性期へとシームレスに医療を提供すべく対応しました。災害発生時に生じる時間的・空間的な医療の空白を埋め、「防ぎえた災害死」を少なくすることが災害医療の目標であり、CSRMにおける医療と消防との連携もこの一環として医療の空白を埋め「防ぎえた災害死」の予防に貢献するものと考えられます。

# 3 警察の活動紹介

## ❶ 警察の組織について

　警察の組織は「警察庁」と「都道府県警察」の大きく２つに分けられます。

　警察庁とは、国の行政機関であり、内閣総理大臣の所轄の下に国家公安委員会が置かれ、さらに、国家公安委員会の管理の下に警察庁が設けられています。警察庁は、広域組織犯罪に対処するための警察の態勢、犯罪鑑識、犯罪統計等警察庁の所掌事務について都道府県警察を指揮監督しています。

　都道府県警察とは、それぞれの区域についての責務を行う警察のことで、都道府県公安委員会が管理しています。都道府県警察には、警視庁本部及び道府県警察本部が置かれています。

　これらの警察機関の中で、全国の都道府県警察に設置された派遣隊が、台風や洪水、大地震などの大規模災害が発生し、又は発生しようとしている場合、被災地に派遣されます。そして、情報収集、人命救助、避難誘導、交通の確保、亡くなった被災者の対応、犯罪の予防、行方不明者の捜索等様々な任務に当たります。

　これらの警察活動は、消防、医療、自衛隊等の関係機関と緊密な連携の下、活動しなければなりません。そのため、大規模災害発生時における警察活動の概要を理解することが重要であり、ここではその警察の活動を紹介していきます。

## ❷ 災害派遣について（警察災害派遣隊）

　平成７年に発生した阪神・淡路大震災は、兵庫県南部を中心に甚大な被害をもたらしました。警察庁はこれに対して、全国の都道府県警察から多数の機動隊等を被災地に派遣し災害対応しましたが、装備や経験、技術等大規模災害発生時における各種警察活動に多くの教訓を残しました。この教訓を踏まえ、大規模災害に即応し高度な救出救助能力を持つ災害対応の専門部隊「広域緊急援助隊」を全国の都道府県警察に設置しました。そして、平成23年に発生した東日本大震災により、警察組織全体の災害に係る危機管理体制の見直しが図られ、大規模災害発生時の広域

156　第7章　各組織活動概要

図7－3　警察災害派遣隊の概要

的な部隊派遣体制を拡充するため平成24年に「警察災害派遣隊」が設置されました。

　警察災害派遣隊は、大規模災害発生時に、直ちに被災地に派遣される即応部隊と、大規模災害発生時から一定の時間が経過した後に長期間にわたり派遣される一般部隊により編成されています。

　それでは、警察災害派遣隊の大規模災害時の活動とはどのような内容なのかを見ていきましょう。

⑴　各部隊の活動内容

① 　即応部隊

　災害が起きた際に直ちに被災地に派遣され活動する部隊です。隊員は自活を原則としており、被災地の警察本部の支援を得ずに行動します。全国の都道府県警察に隊員を指定しておき、災害発生後速やかに被災地に派遣されます。要員は3日から1週間をめどに交代します。また即応部隊は、広域緊急援助隊、広域警察航空隊、機動警察通信隊、緊急災害警備隊の4つの部隊で編成され、広域緊急援助隊は、さらに警備部隊、交通部隊、刑事部隊の3つの部隊により編成されています。

広域緊急援助隊

　広域緊急援助隊は、全国の都道府県に設置されており、機動隊、管区機動隊、交通機動隊、高速道路交通警察隊、刑事部捜査一課等の中から選抜され、5,000人以上の隊員から構成されています。また、広域緊急援助隊は任務に応じて、複数の班に分かれて活動します。

図7－4　広域緊急援助隊シンボルマーク

3　警察の活動紹介　*157*

〇警備部隊

　先行情報班：救出救助班に先行し、被災状況、道路状況等に係る情報や広域緊急援助隊の部隊活動に必要な情報収集、報告を任務とします。

　救出救助班：被災者の救出救助・避難誘導等を任務とします。都道府県警察機動隊の救助任務を担当する機能別部隊などから編成されています。また、極めて高度な救出救助能力を持つ特別救助班（P-REX：Police Team of Rescue Experts）が、指定された都道府県警察に設置されています。

　隊 本 部 班：被災地警察との連絡調整、食料、飲料水等の管理や配布などの部隊活動支援を任務とします。

〇交通部隊

　先行情報班：交通対策班に先行し、緊急交通路として確保すべき道路の被災状況等の情報収集、報告を任務とします。

　交通対策班：被災地に向かう警察や消防等の緊急交通路の確保、交通規制や緊急通行車両の先導などを任務とします。

　管 　理 　班：被災地警察との連絡調整、食料、飲料水等の管理や配布、最新の交通情報などの部隊活動支援を任務とします。

〇刑事部隊

　検 　視 　班：亡くなった被災者の検視、死体調査等を任務とします。

　遺族対策班：遺族への遺体の引渡しや安否情報の提供を任務とします。

**広域警察航空隊**

　警察用航空機による被災情報の収集、被災者の救出救助、救援物資の輸送等を任務とします。

**機動警察通信隊**

　被災地等における活動に必要な通信の確保を任務とします。

**緊急災害警備隊**

　被災者の救出救助や行方不明者の捜索、避難所、遺体安置所等の警戒警備を任務とします。

②　一般部隊

　被災地の警察の機能を補う目的で派遣される部隊です。派遣人数は災害の規模に応じて決定し、隊員は1週間から2週間をめどに交代します。部隊はそれぞれの部から派遣される特別警備部隊、特別生活安全部隊、特別自動車警ら部隊、特別交通部隊、特別機動捜査部隊、身元確認支援部隊、情報通信支援部隊、支援対策部隊の8つの部隊で編成されています。

**特別警備部隊**

　行方不明者の捜索、避難所、遺体安置所等の警戒警備を任務とします。

**特別生活安全部隊**

　避難所等を訪問しての相談活動や防犯指導活動、行方不明者相談情報の収集整理を任務とします。

**特別自動車警ら部隊**

　パトカーによる警戒警ら、現場における広報を任務とします。

**特別交通部隊**

　信号機の点滅に伴う交通整理やその他の被災地等における交通警察活動を任務とします。

**特別機動捜査部隊**

事件発生時における初動捜査や捜査車両を用いた捜査活動を任務とします。

**身元確認支援部隊**

遺体の身元確認のため行方不明者の家族等から行方不明者に関する情報を聴取し、関係者からの資料の収集を任務とします。

**情報通信支援部隊**

現地調査、工事契約、物品調達等被災した警察通信施設の復旧や情報通信部業務の支援を任務とします。

**支援対策部隊**

被災地等に派遣される警察災害派遣隊が円滑に活動できるようにするために、宿泊所の手配や食料、飲料水、装備資器材、車両、燃料等の物資の調達、管理及び搬送に関する活動を任務とします。

⑵　派遣期間（各部隊の被災地における1回の派遣期間）

| | | | |
|---|---|---|---|
| 即応部隊 | 広域緊急援助隊 | 警備部隊 | 約3日間 |
| | | 交通部隊 | 約1週間 |
| | | 刑事部隊 | 約1週間 |
| | 広域警察航空隊 | | 約1週間 |
| | 機動警察通信隊 | | 発災から1週間程度は約3日間とし、それ以降は約1週間 |
| | 緊急災害警備隊 | | 数日間 |
| 一般部隊 | 特別警備部隊 | | 約10日間 |
| | 特別生活安全部隊 | | 約10日間 |
| | 特別自動車警ら部隊 | | 約10日間 |
| | 特別交通部隊 | | 約2週間 |
| | 特別機動捜査部隊 | | 約1週間 |
| | 身元確認支援部隊 | | 必要に応じての期間 |
| | 情報通信支援部隊 | | 約1か月間 |
| | 支援対策部隊 | | 約2週間 |

※被災地の状況により派遣期間は延長

## 3 大規模災害時への主な派遣実績（平成30年現在過去15年間）

| 派遣年月 | 災害名 | 派遣年月 | 災害名 |
|---|---|---|---|
| 平成15年7月 | 水俣豪雨 | 平成21年7月 | 中国・九州北部豪雨 |
| 平成15年7月 | 宮城県北部地震 | 平成23年3月 | 東北地方太平洋沖地震 |
| 平成16年7月 | 新潟・福島豪雨 | 平成23年9月 | 台風第12号（和歌山県、奈良県） |
| 平成16年7月 | 福井豪雨 | 平成24年5月 | 新潟県八箇峠トンネル爆発事故 |
| 平成16年9月 | 台風第21号（三重県） | 平成24年7月 | 九州北部豪雨 |
| 平成16年10月 | 新潟県中越地震 | 平成26年8月 | 広島土砂災害 |
| 平成17年3月 | 福岡県西方沖地震 | 平成26年9月 | 御嶽山噴火災害 |
| 平成17年4月 | JR西日本福知山線列車事故 | 平成26年11月 | 長野県北部地震 |
| 平成17年9月 | 台風第14号（宮崎県） | 平成27年9月 | 関東・東北豪雨 |
| 平成17年12月 | JR羽越線列車事故 | 平成28年4月 | 熊本地震 |
| 平成19年3月 | 能登半島地震 | 平成29年7月 | 九州北部豪雨 |
| 平成19年7月 | 新潟県中越沖地震 | 平成30年7月 | 平成30年7月豪雨 |
| 平成20年6月 | 岩手・宮城内陸地震 | 平成30年9月 | 北海道胆振東部地震 |
| 平成20年7月 | 岩手県沿岸北部地震 | | |

図7-5　災害時における警察活動の概要

## ❹ 消防との違い

　消防には、大規模災害発生時、被災地に派遣される緊急消防援助隊がありますが、これは消防組織法に基づいて編成されている部隊で、主に人命救助を目的に活動を行います。しかし、警察災害派遣隊は、警察法第2条（警察は、個人の生命、身体及び財産の保護に任じ、犯罪の予防、鎮圧及び捜査、被疑者の逮捕、交通の取締その他公共の安全と秩序の維持に当ることをもつてその責務とする。）に基づいて、人命救助だけでなく被災地の緊急交通路の確保や亡くなった被災者の検視、死体調査、事件の捜査等も行います。

　警察においては、災害時の個人の生命、身体及び財産の保護や公共の安全と秩序を維持することを目的として行う活動の全てを災害警備活動と称しており、人命救助活動は災害警備活動の一部として行われます。

# 4　自衛隊の活動紹介

## ❶ 自衛隊の組織について

　自衛隊は、自然災害をはじめとする災害時には地方公共団体などと連携・協力し、被災者の捜索・救助、医療、防疫、給水、人員や物資の輸送など様々な活動を行っています。

## ❷ 災害派遣について

　災害派遣は、都道府県知事などが災害に際し、防衛大臣又は防衛大臣の指定する者へ自衛隊などの派遣を要請し、要請を受けた防衛大臣などがやむを得ない事態と認める場合に派遣することを原則としています。これは、都道府県知事などが、区域内の災害状況を全般的に把握し都道府県の災害救助能力などを考慮した上で、自衛隊派遣の要否などを判断するのが最適との考えによるものです。ただし、大規模地震対策特別措置法に基づく警戒宣言又は原子力災害対策特別措置法に基づく原子力緊急事態宣言が出されたときには、防衛大臣は地震災害警戒本部長又は原子力災害対策本部長（内閣総理大臣）の要請に基づき、派遣を命じることができます。

　災害派遣を迅速に行うための初動対処態勢を整えており、この部隊を「FAST-Force（ファスト・フォース）」と呼んでいます。

・共通

　　震度5弱以上の地震が発生した場合は、速やかに情報収集できる態勢

・FAST-Force（陸上自衛隊）

　　航空機などの待機（人員約3,900人、車両約1,100両、航空機約40機）：全国で初動対処部隊が24時間待機、命令受領後、1時間を基準に出動

・FAST-Force（海上自衛隊）

　　艦艇待機：地方総監部所在地ごとに、1隻の初動対応艦艇を指定

　　航空機待機（約20機）：各基地において、15分〜2時間を基準に出動

・FAST-Force（航空自衛隊）
　　対領空侵犯措置のための待機
　　航空救難及び緊急輸送任務のため待機（約10～20機）：各基地において、15分～2時間を基準に出動
　※震度5強以上の地震が発生した場合は、待機している航空機を任務転用して情報収集などを実施

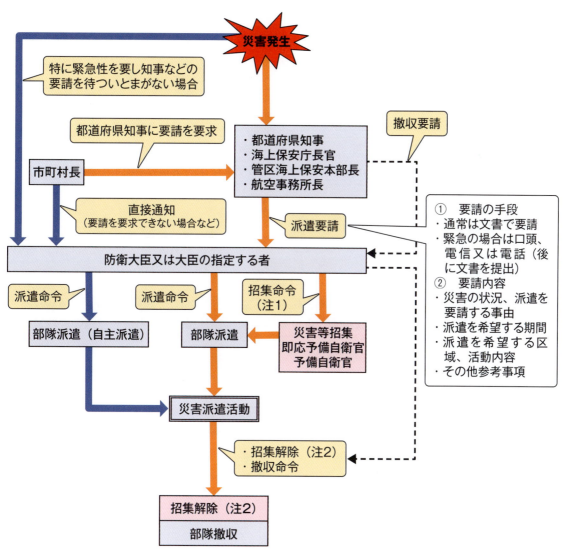

（注1）　即応予備自衛官及び予備自衛官の招集は、防衛大臣が必要に応じて内閣総理大臣の承認を得て行う。
（注2）　防衛大臣が即応予備自衛官、予備自衛官の招集を解除すること。

図7－6　要請から派遣、撤収までの流れ

**❸ 大規模災害時への主な派遣実績（平成30年現在過去15年間）**

| 派遣年月 | 災　害　名 | 派遣年月 | 災　害　名 |
|---|---|---|---|
| 平成15年９月 | 十勝沖地震 | 平成26年２月 | 豪雪（１都６県） |
| 平成16年10月 | 新潟県中越地震 | 平成26年８月 | 広島土砂災害 |
| 平成17年３月 | 福岡県西方沖地震 | 平成26年９月 | 御嶽山噴火災害 |
| 平成17年４月 | JR西日本福知山線列車事故 | 平成27年９月 | 関東・東北豪雨（茨城県） |
| 平成17年９月 | 台風第14号（宮崎県） | 平成28年４月 | 熊本地震 |
| 平成18年１月 | 秋田県豪雪 | 平成28年８月 | 台風第10号（岩手県） |
| 平成18年７月 | 豪雨（５県１府） | 平成28年10月 | 鳥取県中部地震 |
| 平成19年３月 | 能登半島地震 | 平成28年12月 | 糸魚川市大規模火災 |
| 平成19年７月 | 新潟県中越沖地震 | 平成29年７月 | 九州北部豪雨 |
| 平成20年６月 | 岩手・宮城内陸地震 | 平成30年７月 | 平成30年７月豪雨（７県１府） |
| 平成23年３月 | 東北地方太平洋沖地震 | 平成30年９月 | 北海道胆振東部地震 |

# ❹ 近年の震災における自衛隊の活動

### ⑴　東日本大震災

　平成23年３月11日に発生した東日本大震災において、防衛省・自衛隊は、最大時には10万人を超す隊員を派遣して被災者の救助に全力で取り組み、同年12月26日原子力災害派遣の終結に伴い活動を終了しました。

### ⑵　熊本地震

　平成28年４月の熊本地震では、熊本県熊本地方を震源とする地震（最大マグニチュード7.3）をはじめとして、熊本県及び大分県を中心とした震度１を超える地震が計1,600回を超え、多くの建物・施設の倒壊や土砂災害が発生したほか、交通インフラやライフラインが破壊されるなど、甚大な被害が発生しました。熊本県及び大分県の各知事からの災害派遣要請を受け、陸・海・空統合任務部隊を編成し人命救助や生活支援などを実施しました。

### ⑶　鳥取県中部地震

　平成28年10月21日、鳥取県中部を震源とする地震（マグニチュード6.6）が発生し、鳥取県倉吉市、湯梨浜町及び北栄町で最大震度６弱を観測しました。この地震により、鳥取県倉吉市内において断水が発生したことから、同日、鳥取県知事からの災害派遣要請を受け、自衛隊は同年10月28日までの間、給水支援、公共施設等周辺整備を実施しました。

## 5 自衛隊が実施・参加する訓練

　自衛隊は、大規模災害などの各種の災害に迅速・的確に対応するため、平素から「自衛隊統合防災演習」をはじめとする各種防災訓練を行っています。また、地方公共団体などが行う防災訓練にも積極的に参加し、各省庁や地方自治体などの関係機関との連携強化を図っています。

　平成26年度は、東日本大震災から得られた災害対応に関係する多くの課題などを防災訓練に積極的に取り入れ、大規模地震などの事態に際し、迅速・向上することを目的として各種防災訓練を実施したほか、訓練に参加しました。

　同年10月19日には、和歌山県が主催する津波災害対応実践訓練に参加し、南海トラフ地震対処における震災対処能力の向上を図りました。また、同年11月6日には、東北方面隊震災対処訓練「みちのくALERT2014」を東北全域で実施しました。

## 6 自衛隊の各種対処計画及び業務計画

　防衛省・自衛隊は、各種の災害に際し十分な規模の部隊を迅速に輸送・展開して初動対応に万全を期すとともに、統合運用を基本としつつ要員のローテーション態勢を整備することで、長時間にわたる対処態勢の持続を可能とする態勢を整備しています。その際、東日本大震災の教訓を十分に踏まえることとしています。

## 7 自衛隊と消防の連携

　自衛隊では、部隊により様々な重機を保有していることから、過去の震災派遣や訓練等において大型重機等を活用し、土砂崩れ、瓦礫等の障害を除去し道路の啓開活動を実施後、消防が被災現場に進入し救助活動を実施しています。

# 5 海上保安庁の活動紹介

## 1 海上保安庁の組織について

　海上保安庁は、「海上の安全及び治安の確保を図ること」を任務としており、警備救難業務・水路業務・交通業務等を行っています。

　国土交通省の外局として設置されて

図7－7　海上保安庁ロゴ

おり、東京都にある本庁の下、日本全国を11の管区に分け、一元的な組織運用が行われています。

　それぞれの管区海上保安本部には、海上保安部、海上保安署、航空基地等の事務所を配置し、巡視船艇や航空機等を配備しています。これらの事務所や巡視船艇・航空機等により、治安の確保や人命救助等の現場第一線の業務に当たっています。詳細については以下のとおりです。

(1) 船艇

　　巡視船　　　　　　134隻
　　巡視艇　　　　　　238隻
　　特殊警備救難艇　　 63隻
　　その他　　　　　　 22隻
　　　　　　　　　　計457隻

(2) 航空機

　　飛行機　　　　　　 31機
　　回転翼機　　　　　 52機
　　　　　　　　　　 計83機

(3) 定員

　　　　　　　　　13,744人
　　　（平成30年3月31日現在）

写真7-10　海上保安庁巡視船

写真7-11　海上保安庁ヘリコプター

## ❷ 災害対応について

　自然災害を含む大規模な災害時において、海上保安庁では一元的な組織運用が行われているため、消防のように緊急消防援助隊等の形をとることなく、全国各地の災害に対して管区を越えて出動することができます。

　地震災害の現場では、海上部及び陸上部の孤立者の救助、行方不明者の捜索、緊急輸送路の確保、被災港湾の測量、航路標識の復旧、漂流船舶の曳航救助、航路障害物の除去、被災者支援等の様々な震災対応業務に当たります。

　海上保安庁は先述のとおり「海上の安全及び治安の確保を図ること」を任務としています。しかしながら、陸上においても地震や津波、台風、豪雨、火山噴火等による自然災害が発生した場合には、人命・財産を保護するために災害応急活動を実施しています。

## 3 大規模地震災害への主な対応実績（平成30年現在過去15年間）

| 派遣年月 | 災害名 | 派遣年月 | 災害名 |
|---|---|---|---|
| 平成15年5月 | 宮城県沖地震 | 平成19年7月 | 新潟県中越沖地震 |
| 平成15年7月 | 宮城県北部地震 | 平成20年6月 | 岩手・宮城内陸地震 |
| 平成15年9月 | 十勝沖地震 | 平成21年8月 | 駿河湾地震 |
| 平成16年10月 | 新潟県中越地震 | 平成23年3月 | 東北地方太平洋沖地震 |
| 平成17年3月 | 福岡県西方沖地震 | 平成28年4月 | 熊本地震 |
| 平成17年8月 | 宮城県沖地震 | 平成30年6月 | 大阪府北部地震 |
| 平成19年3月 | 能登半島地震 | 平成30年9月 | 北海道胆振東部地震 |

## 4 近年の震災における海上保安庁の活動

### (1) 東日本大震災

　平成23年3月11日14時46分に発生した東北地方太平洋沖地震の直後、本庁及び各管区海上保安本部に災害対策本部等を設置するとともに、東北地方において大規模な被害の発生が予想されたことから、15時14分、「海上保安庁防災業務計画」に基づく「日本海溝型地震に係る動員計画」が発動され、全国から第二管区海上保安本部管内に向けて、巡視船艇・航空機・特殊救難隊等（第一次動員勢力）が急行しました。

　その後、津波による被害が甚大かつ東北地方太平洋沿岸の全域に及んでいることが判明したため、16時40分、更に追加で第二次動員勢力の発動を命じ、応援部隊を同海域へ派遣しました。

　海上保安庁は、現地対策本部にそれぞれ船隊を編成させ、海上部及び陸上部の孤立者の救助、行方不明者の捜索、緊急輸送路の確保、被災港湾の測量、航路標識の復旧、漂流船舶の曳航救助、航路障害物の除去、被災者支援等の震災対応業務を行いました。

　捜索救助活動においては、飛行機及び巡視船による沿岸部の広域捜索とともに、ヘリコプターや巡視艇等による海岸部の重点的な捜

写真7-12　東日本大震災での活動の様子

索を柱とし、また、地元自治体・住民、関係機関等から入手した情報に基づいて捜索を行う等、要救助者の発見に全力を挙げ、360人を救助しました。さらに、行方不明者の多い地域の海岸部等を中心に重点的に捜索（潜水捜索を含む。）し、多くの行方不明者を発見しました。

また、余震に伴い、千葉県で発生した石油コンビナート火災においても、海上保安庁の消防船を派遣し、海上からの消火活動を実施しました。

(2) 熊本地震

海上保安庁では、地震発生後、直ちに巡視船艇・航空機等により、沿岸部の被害状況調査を行うとともに、航行警報等により付近船舶に対し情報提供を行いました。

また、熊本県等からの要請に基づき、航空機により、負傷者、入院患者等の緊急搬送を実施したほか、巡視船・航空機等による給水・食料支援、入浴提供等の住民支援を行いました。

写真7-13　熊本地震での活動の様子

## 5 海上保安庁の災害への備え

南関東地域に広域的な災害が発生した場合に「災害応急対策拠点」として、防災関係機関とともに立川広域防災基地を整備・運用しています。また、東京湾及び関東一円で大規模な海上災害が発生した場合の海上防災活動の拠点として、横浜海上防災基地を整備・運用しています。

## 6 消防及び関係機関との連携について

海上保安庁では、各地域にて実施されている防災訓練を通じて、地方公共団体等の関係機関との連携を強化するとともに、沿岸部等における風水害、地震災害等の自然災害発生時においても、要請等に応じて災害応急対策を実施することとしています。

消防との連携について見てみますと、過去の大規模災害時においても連携・協力して活動した実績は多数あります。

また、消防との間においては領海内における船舶の火災について、海上保安庁と消防機関が協力し、円滑に消火活動を行うため、両機関の業務協定が締結されています（図7-8）。

# 5 海上保安庁の活動紹介 167

### 海上保安庁の機関と消防機関との業務協定の締結に関する覚書

領海内における船舶（消防法第 2 条の「舟」を含む。以下同じ。）の火災について、海上保安官署と消防機関が協力し、円滑に消火活動を行なうため、両機関が締結する業務協定の基本を次のとおり定める。

1　次に掲げる船舶の消火活動は主として消防機関が担任するものとし、海上保安官署はこれに協力するものとする。
(1)　ふ頭又は岸壁にけい留された船舶及び上架又は入渠中の船舶
(2)　河川湖沼における船舶
　上記以外の船舶の消火活動は主として海上保安官署が担任し、消防機関はこれに協力するものとする。なお、現地の実情に応じて、両者の協議により上記(1)及び(2)以外の船舶の消火活動について特別の定めをすることができる。
2　船舶の火災の原因並びに火災及び消火により受けた損害の調査は、海上保安官署と消防機関が協議して、これを行なうものとする。
3　法令に定めるもののほか入港船舶の危険物積載の状況、化学消火剤の備蓄状況等消火活動上あらかじめ掌握しておくことが必要と認められる資料及び情報については、相互に交換するものとする。
4　海上保安官署又は消防機関は、船舶の火災を知った場合は、相互に直ちにその旨を通報するものとする。
5　海上保安官署又は消防機関が、単独で船舶の火災の消火に従事したときは、すみやかに、そのてん末を相互に連絡するものとする。
6　船舶の火災の消火活動に要した経費は、出動した機関がそれぞれ負担するものとする。ただし、特に多額の経費を要した場合における当該特別に要した経費の負担は、その都度両者が協議の上定めるものとする。
7　大型タンカー等の事故の場合における消火活動を効果的に行なうため、海上保安官署及び消防機関は地方防災会議等を活用して、おおむね次の事項につき連絡調整を行なうものとする。
(1)　情報及び資料の交換
(2)　消火活動要領の作成
(3)　必要な器材、器具等の整備計画の作成及びその実施の推進

昭和 43 年 3 月 29 日
海上保安庁長官　　亀山　信郎
消防庁長官　　　　佐久間　彊

（総務省消防庁HPより引用）

図7－8

## 6 自治体の活動紹介

　自治体は、災害による被害から人命と生活を守る役割を、そして、被災者の自立を支援し通常の生活に戻す役割を担っています。

　自治体がその役割を果たすためには、過去の災害経験から得た教訓を適切に活かすことが重要と考えられています。過去の災害で経験した「できたこと」や「できなかったこと」について評価と検証が繰り返された結果、自治体が「できなかったこと」に関する原因の一つとして、災害が起きた地域における自治体の機能が平時と比べて著しく低下してしまったことが報告されています。特に、東日本大震災では多くの自治体が広範囲で、かつ、甚大な被害を受けたため、行政自体が壊滅的な状態となりました。これらのことを教訓として、被災時に自治体の行政機能が低下することは避けられないものと考え、その上で「災害を防ぐ『防災』の限界を自覚し、併せて被害を少しでも軽減する『減災』対策に取り組むこと」、「住民一人ひとりが、『自らの命を守る行動』をとることができるように啓発や準備をすること」等が、自治体の活動として平素から取り組まれています。

　災害の経験を基に得られた「減災」対策の代表的なものを紹介します。阪神・淡路大震災では、建物の倒壊や座屈による圧死や焼死により、多くの人命が失われることとなりました。このことを教訓に、建物の耐震化をすることや家具の固定をすることが強く推進されました。その結果、その後に起きた地震では、建物倒壊等により失われる人命を減らすことにつなげられています。東日本大震災では、巨大津波の恐ろしさを思い知らされることとなりました。このことから、津波から逃げることの重要性が広く認識され、沿岸部の自治体では津波避難訓練やセーフティーラインの表示がされるようになりました。また、水の事故から命を守る方法の研究や普及啓発もされています。

　「自治体の活動」は、消防、警察や自衛隊とは少し異なり、平素からの防災・減災への取組みの占めるウエイトが大きく、災害発生時の急性期からの多職種連携、応急対応、復旧、復興へのレジリエンス、それが防災・減災対策につながるというように切れ目がなく、長期的かつ広範囲にわたります。ここでは「自治体の活動」について、避難場所や避難所を一例に挙げて紹介します。

### ❶ 避難場所と避難所

　避難場所と避難所は、必ずしも同じというわけではありません。地震による津波や倒壊のおそれがある建物など切迫した災害の危険から逃れることを目的としているのが**避難場所**、一定期間滞在し、避難者の生活環境を確保することを目的としているのが**避難所**とされています。

⑴　避難場所

　災害が発生した直後や発生するおそれがある場合には、家族やコミュニティであらかじめ決めておいた近くの公園や高台に集合することで、様々な危険から身を守り、逃げ遅れ者を減らすことが期待できると考えられています。この集合する場所のことを**一時集合場所（一時避難場所）**

と呼びます。一方で、この「一時避難場所」という名称は、通勤や通学の主な手段として公共交通機関を利用しているような都市部では、「災害が発生した際の帰宅困難者が、一時的に待機する場所」として用いられることもあります。

　自治体によって、津波を想定しなくてはならない自治体があれば、土砂災害を想定しなくてはならない自治体もあるように、想定される被害は自治体によって異なるため、この「一時集合場所」や「一時避難場所」の呼び方や解釈も自治体によって異なっています。

　一時集合場所で緊急的に身を守った後、更なる危険が想定される場合には、自主防災会（避難誘導班など）の指示に従い、より安全な場所に避難する必要があります。このように一時集合場所から避難する場所として考えられているのが**広域避難場所**です。広域避難場所の多くは、学校の校庭や大きな広場が指定されています。国が定めた基準を満たし、市町村長が指定した避難場所は、**指定緊急避難場所**と呼ばれています。

## (2)　避難所

　災害により家屋が倒壊するなどして家に戻れなくなった場合や、電気・水道・ガスなどのライフラインが途絶し家での生活ができなくなった被災者が、一時的に滞在する施設のことを**避難所**といいます。避難所は、このほかに集中豪雨や土砂災害が予測される場面のように、災害の危険性があり避難した人たちが、その危険性がなくなるまで必要な間滞在する場所としても開設されます。国が定めた管理条件や構造条件などの基準を満たし、市町村長が指定した避難所のことを**指定避難所**と呼び、その多くは学校の体育館や公民館が指定されています。

　避難所で生活する方の中には、体が不自由な方、人工呼吸器を使用している難病患者、介護を要する高齢者もいます。このような方にとって、避難所での生活は過酷な環境であることが多く、生命や健康を維持することすらも危ぶまれるため、特別な配慮が求められます。このように特別な配慮が求められる方に対して、必要とされる環境を整えた避難所として**福祉避難所**が存在します。福祉避難所は、要配慮者の健康被害や生活上の負荷を最小にすることが期待されています。

## (3)　医療救護所

　避難所に併せて負傷者に対し応急的な救護活動を実施するための**医療救護所**が開設されることがあります。この医療救護所の役割は、病院や診療所の被災状況によって変化します。病院が著しい被害を受けた場合には、救急車の収容先として医療救護所を機能させなくてはならない可能性もあります。この場合には、救急隊は搬送先として、病院と医療救護所のどちらを選択するのか判断が迫られることも想定しておく必要があります。自治体は、災害が起こる前に地域医師会と共に計画を策定、随時見直しを図る役割を担っています。そして、災害が発生してからは、医療機関の被災状況を的確に把握した上で、状況に応じた計画の実行をしていくことが求められます。この医療機関の被災状況や医療救護所の状況を的確に把握することが、医療・消防・DMAT・災害支援ナースなど関係機関との連携をする上で、重要な鍵を握っていることは想像に難くありません。

**170** 第7章 各組織活動概要

## ❷ 助かった「いのち」を守る

　避難所で生活する被災者を支えることも自治体の活動といえます。

　しかし、行政自体が壊滅的な被害を受けている場合には、自治体が全ての支援をするのは不可能なため、「多職種が手を差し伸べ、つなぎあう」ことが避難所で生活する被災者を支えることにつながるのだと考えます。自治体には、そのなかで「担うべき役割」を適切に評価し活動することが求められます。

《近年の災害で、多職種が手を差し伸べ、つなぎあった例》
・医師、看護師、保健師、薬剤師、放射線技師などの医療従事者が医療だけでなく、公衆衛生的な視点で被災者を支えた
・自衛隊が仮設浴場を設置して被災者の体と心を癒した
・歯科医師・歯科衛生士・鍼灸師やメンタルサポートチームなどが災害支援活動を組織的に行った
・保育士が避難所の子どもの笑顔を引き出すのと同時に親の心理的負担を軽減させた
・この他にも様々な職種やボランティアが被災者に対してできることを行動した

　では、消防の救急隊なら主な任務である傷病者搬送の他に何ができるのでしょうか？　避難所から救急要請があった場合には、避難所のレイアウトや動線、パーテーションやダンボールベッドによる個人スペースの確保状況、悪臭や埃など衛生面で気付くことがあるかもしれません。救急車内での傷病者の訴えから、「飲む水や手を洗う水は不足していないか」「トイレはあふれかえっていないか」「食料は足りているか、偏っていないか」「授乳や着替える場所は確保されているか」「寝具や家庭用品はどうなのか、寒くないか」などの「生の声」が収集できれば、それらが集約されて避難所の改善につながり、「助かったいのちを守ること」への一助となるはずです。そうして収集された情報を、データ化・整理・記録し、今後の災害に対する教訓としてつなげることも重要です。そういった意味で、平素から「自分の職業だからできることが何であるのか」を考え、学んでおくことが、自分だけでなく自治体の災害対応能力向上につながるとも考えられます。

## ❸ 自治体の活動

　自治体の活動は、冒頭にも触れたとおり、防災・減災から始まる災害への準備、発災以降の災害対応、復旧、復興、評価・検証、そして防災・減災と切れ目なく、長期的かつ広範囲にわたります。避難所を例に挙げましたが、自治体の活動のほんの一部でしかありません。

　「行政自体が被災している場合には、全ての支援を担うのは不可能なため、「何ができて、何ができないのか」を客観的に評価し、ニーズに対応できない場合には外部支援を積極的に求め、自治体の役割を補完する」、このことは自治体の活動全てに共通することといえます。

## 〈参考・引用文献〉

### 1 消防の活動紹介

・消防庁ホームページ（http://www.fdma.go.jp/）

### 2 医療関係の活動紹介

・災害医療体制のあり方に関する検討会：災害医療体制のあり方に関する検討会報告書　平成13年6月
・災害時における消防と医療の連携に関する検討委員会：災害時における消防と医療の連携に関する提言－近畿地区における災害時の消防と医療の連携体制の確立に向けて－　平成24年7月21日
・長谷貴將，秋富慎司，渡邊信介，他：JR福知山線列車脱線事故における緊急医療班派遣報告，日本集団災害医学会誌　12巻1号. 12−16. 2007年
・諸江雄太，二宮宣文，久野将宗，他：瓦礫の下の医療における安全とは？－スーパーマーケット駐車場崩落現場での活動を経験して学んだこと，日本集団災害医学会誌　17巻1号. 45−51. 2012年
・小井土雄一，近藤久禎，市原正行，他：東日本大震災におけるDMAT活動と今後の研究の方向性，保健医療科学　60巻6号. 495−501. 2011年
・厚生労働省医政局地域医療計画課長：日本DMAT活動要領の一部改正について. 医政地発0331第1号　平成28年3月31日
・国立病院災害医療センター災害医療部，厚生労働省DMAT事務局：熊本地震報告　平成28年9月9日

### 3 警察の活動紹介

・警察庁警備局長，警察庁長官官房長，警察庁生活安全局長，警察庁刑事局長，警察庁交通局長，警察庁情報通信局長：警察災害派遣隊の編成、運用等について（通達）. 警察庁丙備発第119号，丙人発第207号，丙会発第89号，丙給厚発第6号，丙生企発第63号，丙刑企発第53号，丙交企発第65号，丙備企発第68号，丙情企発第26号　平成24年5月31日
・警察庁ウェブサイト（https://www.npa.go.jp/）

### 4 自衛隊の活動紹介

・防衛省：防衛白書（平成26年～平成28年）

### 5 海上保安庁の活動紹介

・海上保安庁ホームページ（https://www.kaiho.mlit.go.jp/）
・海上保安庁：海上保安レポート（2016～2017）

# CSRMアドバンスドガイド　プロジェクトチーム

リ　ー　ダ　ー　　長　橋　義　志（富士市消防本部・静岡）
メ　ン　バ　ー　　伊　関　健　史（明石市消防局・兵庫）
　　　　　　　　　一　居　　　宏（彦根市消防本部・滋賀）
　　　　　　　　　勝　村　智　光（丸亀市消防本部・香川）
　　　　　　　　　金　川　和　生（越谷市消防本部・埼玉）
　　　　　　　　　川　澄　和　員（田原市消防本部・愛知）
　　　　　　　　　小　林　靖　典（渋川広域消防本部・群馬）
　　　　　　　　　鈴　木　京　吾（松戸市消防局・千葉）
　　　　　　　　　古　川　幸　大（八千代市消防本部・千葉）

アドバイザー　　中　村　直　哉（研究会中四国・九州地区サーバントリーダー）
　　　　　　　　　熊　澤　光　明（研究会関東地区サーバントリーダー）
　　　　　　　　　吉　岡　利　征（研究会関西地区サーバントリーダー）
　　　　　　　　　柳　　　英　雄（多根総合病院）

全　体　調　整　　八　櫛　徳二郎（研究会代表）

執　筆　協　力　　草　場　秀　幸（在日米海軍統合消防局佐世保・JDR救助技術アドバイザー）
　　　　　　　　　今　川　憲　英（外科医的建築家）
　　　　　　　　　山野上　敬　夫（県立広島病院）
　　　　　　　　　畑　　　倫　明（米盛病院）
　　　　　　　　　松　井　　　豊（筑波大学）
　　　　　　　　　笹　川　真紀子（NPO法人日本消防ピアカウンセラー協会）
　　　　　　　　　日本DMORT
　　　　　　　　　　吉　永　和　正（協和マリナホスピタル）
　　　　　　　　　　村　上　典　子（神戸赤十字病院）
　　　　　　　　　　長　崎　　　靖（兵庫県監察医務室）
　　　　　　　　　　山　﨑　達　枝（東京医科大学）
　　　　　　　　　　黒　川　雅代子（龍谷大学短期大学部）
　　　　　　　　　相　良　順　子（特定非営利活動法人阪神救助犬協会）
　　　　　　　　　篠　原　朝　美（香川大学医学部精神神経医学講座）
　　　　　　　　　笠　井　武　志（Kagawa CIS project）
　　　　　　　　　足　立　忠　晴（豊橋技術科学大学）

（敬称略）

## CSRMアドバンスドガイド

平成31年2月1日　初 版 発 行
令和6年9月1日　初版3刷発行

著　者／全国救護活動研究会
発行者／星 沢 卓 也
発行所／東京法令出版株式会社

| | | |
|---|---|---|
| 112-0002 | 東京都文京区小石川5丁目17番3号 | 03(5803)3304 |
| 534-0024 | 大阪市都島区東野田町1丁目17番12号 | 06(6355)5226 |
| 062-0902 | 札幌市豊平区豊平2条5丁目1番27号 | 011(822)8811 |
| 980-0012 | 仙台市青葉区錦町1丁目1番10号 | 022(216)5871 |
| 460-0003 | 名古屋市中区錦1丁目6番34号 | 052(218)5552 |
| 730-0005 | 広島市中区西白島町11番9号 | 082(212)0888 |
| 810-0011 | 福岡市中央区高砂2丁目13番22号 | 092(533)1588 |
| 380-8688 | 長野市南千歳町1005番地 | |

〔営業〕　TEL 026(224)5411　FAX 026(224)5419
〔編集〕　TEL 026(224)5412　FAX 026(224)5439
https://www.tokyo-horei.co.jp/

©Printed in Japan, 2019
　本書の全部又は一部の複写、複製及び磁気又は光記録媒体への
入力等は、著作権法での例外を除き禁じられています。これらの
許諾については、当社までご照会ください。
　落丁本・乱丁本はお取替えいたします。

ISBN978-4-8090-2457-3